Erlaubter Humor im Nationalsozialismus (1933–1945)

Gudrun Pausewang

Erlaubter Humor im Nationalsozialismus (1933–1945)

PETER LANG
Frankfurt am Main · Berlin · Bern · Bruxelles · New York · Oxford · Wien

Bibliografische Information der Deutschen Nationalbibliothek
Die Deutsche Nationalbibliothek verzeichnet diese Publikation in der Deutschen Nationalbibliografie; detaillierte bibliografische Daten sind im Internet über <http://www.d-nb.de> abrufbar.

Umschlagabbildung und Umschlaggestaltung:
Olaf Glöckler

Gedruckt auf alterungsbeständigem,
säurefreiem Papier.

ISBN 978-3-631-56743-2

Printed in Germany 1 2 4 5 6 7

www.peterlang.de

Inhaltsverzeichnis

Vorwort

Warum drängte es mich, dieses Buch zu schreiben?
1928 geboren, bin ich in meiner Kindheit und Jungmädchenzeit in die Atmosphäre des Nationalsozialismus hineingewachsen, habe diesen noch bewusst erlebt, wurde in den wichtigsten Jugendjahren, in denen man auf das spätere Leben vorbereitet wird und nach einer dem eigenen Wesen entsprechenden Weg- und Zielrichtung intensiv sucht, von ihm geprägt.
Das nationalsozialistische System bot uns das, was sich die meisten jungen Menschen im Alter von etwa 15 – 17 Jahren wünschen: eine Aufgabe, der sie sich mit ganzem Herzen hingeben können. Ja, nichts Geringeres als den Sinn des Lebens. Der hieß damals: Dem Vaterland zu dienen. Auch meine Eltern waren überzeugte Nationalsozialisten. Sie waren meine Vorbilder. Sehr vielen meiner Altersgenossen ging es ähnlich: Wir wurden von Eltern und Staat zu Nationalsozialisten erzogen und glaubten an das, was man uns beibrachte, mit glühendem Herzen.

Dem Höhenrausch folgte das grausame Erwachen. Viele meiner Generation verdrängten nach dem Ende der Nazizeit diese schmerzhafte Erfahrung. Wir anderen leiden noch heute darunter. Die Erkenntnis, dass unsere ehrliche Hingabebereitschaft von diesem verbrecherischen System skrupellos missbraucht wurde, lässt unsere Gedanken und Gefühle bis an unser Lebensende ruhelos um das Phänomen Nationalsozialismus kreisen.

So beschäftige auch ich mich immer wieder mit diesem Thema, suche – auch in meinem schriftstellerischen Arbeitsbereich – nach Wahrheit und Klarheit, bemühe mich um erschöpfende Antworten auf drängende Fragen.
Ziel dieser vorliegenden Arbeit ist, gängige, aber falsche Vorstellungen der Nachgeborenen zu korrigieren: In der Nazizeit ging es nicht nur todernst zu. Im Bereich von Verbot, Zensur und Duldung tummelte sich immer noch allerlei Humor. Und nicht alle NS-Funktionäre waren Dummköpfe. Dem Hitler-Regime war genau so klar wie den alten Römern: Das Volk verlangt nicht nur nach Brot, sondern auch nach Spielen. Die wurden ihm zugestanden. Denn auch Hitler und seine Spitzenfunktionäre wussten: Wird das Volk unzufrieden, wird es für den Diktator gefährlich. Es musste also dafür gesorgt werden, dass es sich wohl fühlte.
Zu dem Bereich „Spiele“ gehört der Humor – so makaber die Kombination Nationalsozialismus und Humor auch wirken mag.

Trotz der Heiterkeit, die diese Arbeit enthält, ist es mir aber nach wie vor ein wichtiges Anliegen, davor zu warnen, einer NS-Diktatur wie der zwischen 1933 und 1945 noch einmal eine Chance zu geben.
In wenigen Jahren wird es keine Augenzeugen der Nazizeit mehr geben. Das bedeutet aber keinesfalls, dass damit das Hitler-Regime abgehakt und vergessen werden kann. Die Wiederkehr einer Naziherrschaft ist jederzeit möglich. Bert

Brechts berühmter Ausspruch ist nach wie vor gültig: „Der Schoß ist fruchtbar noch, aus dem es kroch.“
Auch in Zukunft sollte bei uns – und nicht nur hier in Deutschland! – die Parole gelten: „Wachsam sein!“

Danksagung

Allen, die mir bei der Entstehung dieses Buches zur Seite standen, sei herzlich gedankt:
Herrn Dr. Volker Puthz und Herrn Reinhard Adamski, die für mich – zum Thema dieses Buches – erfolgreich Flohmärkte durchkämmten,
Mit-Zeitzeugen, die sich für mich an allerlei Varianten erlaubten Humors in der NS-Zeit erinnerten,
Frau Minhild Altstadt, die in vieler Hinsicht zur Entstehung dieses Buches beitrug,
meiner Familie, meinem Freundeskreis und allen Menschen meiner Umgebung, die meine Arbeitsbesessenheit großmütig tolerierten.

I. Einführung in die Thematik

1. Untersuchungsbereich

Es geht in der vorliegenden Arbeit um den Humor in der Nazizeit – eine Kombination, die jeder Mensch, der die Zeit zwischen 1933 und 1945 entweder selbst erlebt hat oder sich intensiv mit ihr beschäftigte, als nicht zusammen passend empfindet. Gründe dafür findet man vor allem in der Humorarmut *jeder* Diktatur, dem strikten Verbot *kritischen* Humors und den entsetzlichen Auswirkungen der zwölfjährigen Hitlerdiktatur: Angst, Unmenschlichkeit und Tod.
Es gibt zahlreiche Sammlungen von Flüsterwitzen der NS-Zeit. Auch die Sekundärliteratur hat sich nach 1945 für diese Spielart politischen Witzes sehr interessiert. Es existiert auch jede Menge Sekundärliteratur zum Thema der vom NS-System verbrannten und verbannten Literatur, unter der sich natürlich viel Humorvolles befand. Ebenso ist die Abwürgung des kritischen politischen Kabaretts vielfach beschrieben und untersucht worden.

Womit sich die Sekundärliteratur aber noch so gut wie gar nicht befasste, ist der vom NS-System genehmigte, also *erlaubte* Humor.
Die vorliegende Arbeit beschäftigt sich deshalb mit der Frage, ob die nationalsozialistische Führung Humor überhaupt zuließ. Wenn ja: Was hat sie dazu veranlasst? Und welche Art von Humor wurde erlaubt bzw. toleriert? Gab es Humor, den das NS-System sogar förderte? Wenn ja, wie? Und was war der Grund dafür? Welcher Art war dieser „von oben" *geförderte* Humor? Kam er beim Volk an, wurde er genossen? Erreichte er die bezweckte Wirkung?

Die vorliegende Arbeit erhebt nicht den Anspruch, dieses Thema erschöpfend zu behandeln. Sie möchte nur manche seiner Teilbereiche beleuchten, Unbewusstes jener Zeit ins Bewusstsein heben – und vor allem Denkanstöße geben.

2. Quellenlage

2.1. PRIMÄRLITERATUR

Zum Thema „Erlaubter (genehmigter, tolerierter) Humor in der NS-Zeit" gibt es reichliche Primärliteratur:
Witze in Kinder- und Jugendzeitungen, in Tages- und Wochenzeitungen, in konfessions- und berufsspezifischen Zeitschriften, Presseorganen für Abteilungen der Wehrmacht und NS-Organisationen, in Radioprogrammheften, Kalendern usw.,

heitere Erzählungen für jedes Alter in Zeitungen, Zeitschriften und Anthologien, humorvolle Romane für Kinder und Erwachsene, heitere Liedertexte (Kinder-, Hitlerjugend-, Liebes-, BdM-, Soldaten-, Arbeitsmaiden-, Arbeitsdienst-, Bauern-, Handwerker-, Spaßlieder),

heitere Theaterstücke (Lustspiele, Komödien, Possenspiele, Burlesken, Sketche, Schwänke, auch von Laien gespielt),

heitere Filme und Rundfunkprogramme,

Gebrauchslyrik,

Vorträge im Rheinischen Karneval,

Berichte über humorvolle Veranstaltungen, wie zum Beispiel das sonntägliche „Wunschkonzert",

Programme „Heiterer Abende" in Lazaretten. Berichte darüber. Beschreibungen von KDF-, Schul- und Betriebs-Veranstaltungen und vieles andere.

2.2. SEKUNDÄRLITERATUR

Natürlich gibt es jede Menge Sekundärliteratur über das Thema „Humor". Aber die vorliegende Arbeit beschäftigt sich ja nicht mit dem Wesen des Humors im allgemeinen, sondern grenzt ihr Interesse ein auf den Teilbereich „erlaubter Humor im Nationalsozialismus zwischen 1933 und 1945."

Es ist bekannt, dass in den ersten Jahrzehnten nach dem Ende des Zweiten Weltkriegs eine Aufarbeitung der Themenbereiche „Hitlerdiktatur und ihre Folgen" kaum oder nur sehr zögerlich stattfand. Das Grauen, die nackte Angst, die Trauer während der letzten Kriegsjahre waren noch zu nahe. Der für nüchterne und sachliche Beurteilungen nötige Abstand fehlte. Das vor allem in der letzten Phase der NS-Zeit (Sommer 1944 bis Kriegsende Mai 1945) und der unmittelbaren Nachkriegszeit aufkommende Unrechtsbewusstsein verunsicherte.
Als sich die Wissenschaft in den Sechzigerjahren mit der NS-Diktatur intensiver zu beschäftigen begann und sich in den Siebzigern sehr gründlich mit diesem Themenbereich befasste, widmete sie sich anfangs hauptsächlich allem, was in den zwölf Jahren unterdrückt, verbannt, verboten worden war. Dazu gehörte auch jede Art systemkritischen Humors wie z.B. die Flüsterwitze, politisches Kabarett, Karikaturen, Karnevalskreationen usw.
Das Feld des verbotenen Humors im Dritten Reich ist wissenschaftlich also schon intensiv „beackert" worden. Begreiflicherweise haben vor allem die Flüsterwitze, die schon sehr bald nach 1945 gesammelt und herausgegeben wurden, die Historiker, Psychologen, Germanisten und Politikwissenschaftler interessiert.

Aber die vorliegende Arbeit streift dieses Thema nur am Rande. Vielmehr konzentriert sie sich auf Indizien des Humors, der zwischen 1933 und 1945 von der NS-Diktatur erlaubt, genehmigt, toleriert, vielleicht sogar gefördert – oder gar nicht als Humor erkannt wurde, also in der vorliegenden Arbeit als unfreiwilliger Humor bezeichnet wird.

Zu diesem begrenzten Themenbereich gibt es deshalb zwar Erfahrungs- und Erlebnisberichte, aber noch kaum Sekundärliteratur. Rudolf Herzog streift es mit seinem vor kurzem erschienenen Werk HEIL HITLER, DAS SCHWEIN IST TOT. Untertitel: Lachen unter Hitler – Komik und Humor im Dritten Reich[1].
Mit dem Grenzbereich zwischen erlaubtem und verbotenem Humor beschäftigte sich nach dem Ende des Hitler-Regimes dieser oder jener Komiker oder Kabarettist wie z.B. Werner Finck. Dabei handelt es sich allerdings mehr um Erfahrungsberichte und Reflexionen als um wissenschaftliche Arbeiten.
Auf dem Gebiet der Liedertexte befasste sich Georg Walther Heyer in DIE FAHNE IST MEHR ALS DER TOD[2] mit ernsten wie heiteren Naziliedern und widmete sein Augenmerk auch auf vom singenden Volk heiter umgedichtete Lieder. Aber dieses Buch berührt nur ein kleines Teilgebiet meines Themas.

---

[1] Herzog, Rudolf: HEIL HITLER, DAS SCHWEIN IST TOT. Lachen unter Hitler – Komik und Humor im Dritten Reich. Frankfurt 2006.
[2] Heyer, Walther: DIE FAHNE IST MEHR ALS DER TOD. München 1980.

II. Humor

1. Das Wesen des Humors

Sieht man sich genötigt, den Begriff „Humor“ zu definieren, gerät man ins Schwitzen und flüchtet sich ins Lexikon. Die meisten Lexika bieten erst einmal einen Hinweis auf die Herkunft des Begriffs. Der liest sich in der 20. Auflage der 24-bändigen Brockhaus-Enzyklopädie so:

Die ursprüngl. Bedeutung geht auf die Meinung von HIPPOKRATES, GALEN und der mittelalterlichen Medizin zurück, die Temperamente der Menschen beruhten auf der unterschiedlichen Mischung der Körpersäfte (humores), also den Sekretionsverhältnissen. > H.< bezeichnete seit dem 16. Jh. im Englischen > Stimmung<, >Laune<, >Gemütszustand<; wird seit dem 18. Jh. in der Bedeutung der heiteren Gemütsverfassung verwendet.[3]

In einem Nachschlagewerk des Jahres 1892 findet man folgende Begriffsbestimmung:

Gute Stimmung, heitere Laune, die auf teilnehmendem Gemüt und heiterer Weltanschauung beruhende Darstellungsweise menschlicher Schwachheiten.[4]

Mit dieser Definition kann man sich – reichliche hundert Jahre später – kaum zufrieden geben. In einem Wörterbuch des Jahres 1968 zeigt sich die Bestimmung des Begriffs „Humor“ etwas anders gewichtet:

Fähigkeit, auch die Schattenseiten des Lebens mit heiterer Gelassenheit und geistiger Überlegenheit zu betrachten. Heitere seelische Grundhaltung.[5]

Uns aber interessiert vor allem, was man unter dem *gegenwärtig* verwendeten Begriff „Humor“ versteht. Die 20. Brockhaus-Auflage (1996 – 1999) definiert den Begriff „Humor“ so:

...heitere Gelassenheit gegenüber den Unzulänglichkeiten von Welt und Menschen und den Schwierigkeiten des Alltags; die für die ästhetische Grundgestalt des Komischen aufgeschlossene Form der Wahrnehmung und Kommunikation[6].

Diese zuletzt genannte Definition entspricht dem genauer, was der Mensch des beginnenden 21. Jahrhunderts unter Humor versteht.

Im Zusammenhang mit der NS-Diktatur wirken die sehr vagen Formulierungen „Unzulänglichkeiten von Welt und Menschen“ und „Schwierigkeiten des Alltags“ natürlich wie Untertreibungen. Die Nähe des Humors zu Gefahr und Tragik wird in

---

[3] BROCKHAUS-ENZYKLOPÄDIE in 24 Bd.. Mannheim, 20. Aufl. 1996-1999, Bd.10, S. 320.
[4] Meyers KLEINES KONVERSATIONSLEXIKON Leipzig & Wien 1892, Bd. 2, S.136.
[5] Wahrig, Gerhard: DEUTSCHES WÖRTERBUCH, Lexikon Verlag Gütersloh/ Berlin/ München/ Wien 1968, S. 1834.
[6] BROCKHAUS-ENZYKLOPÄDIE in 24 Bd.. Mannheim, 20. Aufl. 1996-1999, Bd. 10, S. 320.

dem allgemein bekannten 0tto Julius Bierbaum-Zitat deutlich: „Humor ist, wenn man trotzdem lacht.“[7]

Manchmal enthält ein Zitat eine einleuchtendere Definition eines Begriffs als das Lexikon. Hier ein paar Zitate, den Humor betreffend:

Die Lust zu lachen, wenn einem zum Heulen ist. Werner Finck
Distanz zu sich selbst behaupten. Janosch
Der Regenschirm der Weisen. Erich Kästner
Der Wintermantel der Existenz. Gottfried Edel
Überwundenes Leiden an der Welt. Jean Paul
Die liebenswürdige Seite der Wahrheit. Mark Twain
Die Fähigkeit, heiter zu bleiben, wenn es ernst wird. Ernst Penzoldt
Der Schwimmgürtel auf dem Strom des Lebens. Wilhelm Raabe
Der Knopf, der verhindert, dass uns der Kragen platzt. Joachim Ringelnatz[8]

Auch Sigmund Freud hat sich mit dem Phänomen Humor beschäftigt. Er betont den Mutmach-Effekt des Humors und sieht in ihm nicht eine Eigenschaft, die jedem menschlichen Wesen mitgegeben wurde, sondern eine seltene Begabung:

„Er (der Humor. G.P.) will sagen: Sieh her, das ist nun die Welt, die so gefährlich aussieht. Ein Kinderspiel, gerade gut, einen Scherz darüber zu machen! (...) Übrigens sind nicht alle Menschen der humoristischen Einstellung fähig, es ist eine köstliche und seltene Begabung, und vielen fehlt selbst die Fähigkeit, die ihnen vermittelte humoristische Lust zu genießen.“[9]

2. Spielarten des Humors

Zu den Spielarten des Humors gehört z.B. der Schwarze Humor. Hier eine kurze Definition:

...das Scherzen mit dem Schrecken und Grauen.[10]

Eine sehr viel ausführlichere Definition bietet das „Handbuch literarischer Fachbegriffe“:

(schwarz = traurig, böse + H. = Versöhnung, Ausgleich) „verkehrter“, unversöhnlicher, zynisch wirkender Humor; bezieht als Sonderform des Humors in dessen positive, lächelnd verstehende Grundeinstellung mit scheinbar selbstverständlicher Geste das Inhumane, Böse ein und enthüllt

---

[7] Werner, Martin (Hg.): SPRICHWÖRTER UND ZITATE von der Antike bis heute. Buch und Zeit. Köln 1981, S.174.

[8] Die auf Seite 12 und 13 aufgelisteten Zitate sind zu finden in: Tange, Ernst Günther (Hg.): DER BOSHAFTE ZITATENSCHATZ. Frankfurt/M 2001, S. 238f.

[9] Sigmund Freud: DER WITZ UND SEINE BEZIEHUNG ZUM UNBEWUSSTEN (zuerst 1905). Frankfurt/M 1961. Ohne Seitenzahlangabe. Zitiert aus Peter Nusser (Hg.):Arbeitstexte für den Unterricht SCHWARZER HUMOR. Stuttgart 1987, S. 119.

[10] BROCKHAUS-ENZYKLOPÄDIE in 24 Bd.. Mannheim, 20. Aufl. 1996-1999, Bd. 10, S. 320.

durch grotesken Effekt, in dem Spiel und Ernst sich auf befremdliche Weise mischen, Lachen Verzweiflung bedeutet und Wahnsinn Befreiung verheißt, auf lustvolle Weise Grauen und Hoffnungslosigkeit in einer entfremdeten Welt; aller schwarzer Humor sucht das Lachen zu bewahren, wenn einem das Lachen vergeht...[11]

Als Beispiel für Schwarzen Humor gibt ein „Arbeitstext für den Unterricht SCHWARZER HUMOR“ folgenden Witz wieder:

„Mutti, ich mag meinen kleinen Bruder nicht.“ –
„Sei still, du isst, was auf den Tisch kommt.“[12]

Auch der Galgenhumor gehört zu den Versionen des Humors. Im Brockhaus wird er als „Heiterkeit im Bewusstsein des Unentrinnbaren“ definiert. Er schimmert auch durch den Spruch „Die erste Nacht am Galgen ist die schlimmste.“ (Die Herkunft dieser lakonischen Aussage, die man ja nicht als Lebensweisheit bezeichnen kann, sondern als Todesweisheit sehen muss, ist unbekannt. Sie wurde an der Wand einer öffentlichen Toilette gefunden.)

In dem bemerkenswerten Aufsatz „Vom Lachen unter dem Galgen“[13] sagt sein Verfasser Dieter Arendt:

Man pflegt zu sprechen vom Leben auf dem Vulkan, besser wäre: vom Leben auf dem Pulverfass. Bedauerlich ist nur: Wir merken es nicht und amüsieren uns weiterhin zu Tode. Es gab und gibt aber einen literarischen Typus, der es merkt: der Schelm unter dem Galgen. Er weiß, warum er lacht, und sein Lachen nennt man Galgenhumor.

Arendt zitiert eine Definition des Galgenhumors:

Der Galgenhumor entspringt dem Bestreben des Geistes, den Tod abzuwehren und zu überwinden. Natürlich ist dieser Vorgang nicht bewusst, wie ja auch die Reaktion, das Lachen, nicht bewusst ist. Er hat aber seine Wurzeln in einer Haltung, die der menschlichen Unzulänglichkeit und der Vergänglichkeit trotzt. Solange der Mensch lacht – über alle Bedrohungen, denen er ausgesetzt ist, über alle Einschränkungen, denen er unterworfen wird, und selbst über seine eigene Schwäche – , kann er nicht untergehen.[14]

Arendt weist darauf hin, dass im Mittelalter bei öffentlichen Hinrichtungen das Interesse des Publikums vor allem den letzten Worten des Delinquenten galt. In diesem Zusammenhang zitiert er u.a. ein typisches Beispiel von Galgenhumor aus

---

[11] Otto F. Best: HANDBUCH LITERARISCHER FACHBEGRIFFE. Definitionen und Beispiele. Frankfurt/M, 7. Aufl. 2004, S. 491.

[12] Nusser, Peter (Hg.): SCHWARZER HUMOR. Arbeitstexte für den Unterricht. Stuttgart 1987, S. 58.

[13] Arendt, Dieter: VOM LACHEN UNTER DEM GALGEN oder: Der Blick vom „Lugaus“ ins „Rings“. In: UNIVERSITAS, Zeitschrift für interdisziplinäre Wissenschaft. Stuttgart, 46. Jahrg., Apr.1991, S. 346 – 356.

[14] Dor / Feldmann: DER POLITISCHE WITZ. München (dtv 358) Jahr?, S. 167. Zitiert in Arendt, Dieter: VOM LACHEN UNTER DEM GALGEN. In: UNIVERSITAS, Zeitschrift für interdiszipl. Wissenschaft. Stuttgart, 46. Jahrg., Apr. 1991, S. 354f.

dem spanischen Ambiente vergangener Jahrhunderte. Auch hier geht es um eine Hinrichtung am Galgen:

...Oben angelangt, setzte er (der Delinquent. G. P.) sich nieder, schlug die Falten des Rockes zurück, nahm den Strick, legte ihn sich selbst um den Hals, und als er sah, dass der Theatiner ihm etwas vorpredigen wollte, wandte er sich mit den Worten an ihn: „Ehrwürdiger Vater! Ich nehme es für geschehen, lasst nur noch ein bisschen vom Glauben hören; machen wir's kurz, denn ich möchte nicht langweilig scheinen!"[15]

Arendt erinnert auch an den bekannten Vogel bei Wilhelm Busch, der auf dem Leim sitzt und die Katze sich ihm nähern sieht. Das Gedicht endet so:

Der Vogel denkt: Weil das so ist
Und weil mich doch der Kater frisst,
So will ich keine Zeit verlieren,
Will noch ein wenig quinquillieren
Und lustig pfeifen wie zuvor.
Der Vogel, scheint mir, hat Humor.[16]

Es ist nicht nötig, hier näher auf den Schwarzen Humor wie auf den Galgenhumor einzugehen, denn in der vorliegenden Arbeit handelt es sich fast ausschließlich um die erheiternden, tröstenden, gemütsaufhellenden Elemente des Humors. Der Hintergrund des Alltagslebens während einer Diktatur dünstet Angst, Schrecken und Trauer aus. In all dieser Düsternis des Entmündigt- und Unterjochtseins lechzt das Volk nach Trost und Aufheiterung. Für Schwarzen Humor gibt es in einer Diktatur kaum Bedarf.
Wohl aber für Galgenhumor. Der aber gehört unter einem diktatorischen Regierungssystem in die Rubrik „Verbotener Humor". Angemerkt sei hier allerdings, dass sich ein zum Tode Verurteilter diesen Humor trotz aller Verbote leisten kann, denn er hat nichts zu verlieren.

Mit dem Humor verwandt ist der Witz, der in der vorliegenden Arbeit eine nicht unwichtige Rolle spielt. Allerdings überwiegend in der Form des harmlosen, das NS-System nicht kritisierenden Witzes. Witz und Witzigkeit werden als Lebenserleichterung empfunden, als Mittel, das gerade anstehende Problem mit Abstand zu sehen.

Alles, was mit Witz zu tun hat, schafft Lust und Entspannung, belohnt sich selbst mit Behagen und Gelächter.[17]

---

[15] Quevedo, F.: HISTORIA DE LA VIDA DEL BUSCÓN. 1624. Übersetzung von Herbert Koch. Ausg. Horst Baader. SPANISCHE SCHELMENROMANE. München 1965 II, S. 54 – 57. Zitiert in Arendt, Dieter: VOM LACHEN UNTER DEM GALGEN. In: UNIVERSITAS, Zeitschrift für interdisziplinäre Wissenschaft. Stuttgart, 46. Jahrg., April 1991, S. 351.
[16] Werner, Hugo (Hg.): WILHELM BUSCH. Das Gesamtwerk in sechs Bänden. Stuttgart 1982, Bd. 6, S. 74.
[17] Gamm, Hans-Jochen: DER FLÜSTERWITZ IM DRITTEN REICH. München 1963, S. 170.

Eine Brockhaus-Definition des Witzes im Sinn einer literarischen Textsorte:

Eine der einfachen Formen, eine kurze (oft in mündlicher Überlieferung entstandene) Erzählung, die eine überraschende, den Erwartungshorizont desavourierende Wendung durch ihre unvermutete Verbindung mit einem abliegenden Gebiet erhält, wodurch sowohl eine Sinn- als auch eine Bewertungsverschiebung eintritt. Dadurch entsteht eine – scheinbar unbeabsichtigte – komische Doppeldeutigkeit, die blitzartig Wertewelten und Lebensauffassungen infrage stellen, enthüllen oder pervertieren kann. Die Wirkung, das durch das Erkennen der Pointe ausgelöste Lachen, kennzeichnet (v.a. als Ver- bzw. Auslachen) den Witz als ein eng an den gesellschaftlichen und kulturellen Kontext gebundenes Phänomen.[18]

Psychologisch – so die Auskunft des Brockhaus-Lexikons[19] – ist der Witz gekennzeichnet durch die Kriterien der Neuheit und vor allem einer hohen Verdichtung in der ungewöhnlichen Zusammenführung verschiedenartiger kognitiver und affektiver Prozesse. Dadurch wird auf kreative Weise eine neue Bedeutung geschaffen, die Heiterkeit auslöst, vorausgesetzt, sie wird vom Rezipienten verstanden. Als soziales Ereignis setzt der Witz daher vor allem eine Berücksichtigung des sozialen Spannungsfeldes des Rezipienten voraus.

Zum *erzählten* Witz sagt Gamm:

Der Witz ruft geradezu eine der intimsten Gemeinschaften hervor: die des Erzählers und des Hörers. Beim Erzählen erwächst diese verschränkte Lust. Der Erzähler erlebt den Genuss, beim anderen das Stutzen, Kombinieren und Suchen der Pointe zu beobachten, es in der Hand zu haben, wann er das befreiende Gelächter auslösen will, um sich davon wieder selbst anstecken zu lassen und so aufs neue Lust zu gewinnen. Das kann bis zur Schwelgerei kenntnisreicher Witzeerzähler führen.[20]

In diesem speziellen Zusammenhang geht es auch um den politischen Witz oder „Flüsterwitz". Ihm wird eine gesellschaftskritische Ventilfunktion zugeschrieben. Aber er gehört, da während der NS-Diktatur verboten, nicht zum Thema der vorliegenden Arbeit.

Ordnet man Witze nach Inhalt, geographischen Gegebenheiten, Berufen oder persönlichen Eigenschaften der Witze-Protagonisten (z.B. Idioten-Witze), begegnet man zahlreichen Gruppen: Neben den politischen Witzen kennt man die Witze-Rubriken „Klein Erna", „Tünnes und Scheel", „Graf Bobby", „Auf der Alm", „An der Reling", Unter der Kanzel", „Ostfriesen", „Bayern", „Sachsen", „Häschen", „Büro", „Am Steuer", „Unter der Bettdecke", „Irrenhaus", „Berliner Schnauze" und viele andere, darunter die Soldaten-, Angler-, Schüler-, Reiter-, und Jägerwitze. Von Witze-Kategorien wird noch die Rede sein.

---

[18] BROCKHAUS ENZYKLOPÄDIE in 24 Bd.. Mannheim, 20. Aufl. 1996-1999, Bd. 24, S. 310.
[19] Ebenda, S. 310.
[20] Gamm, Hans-Jochen: DER FLÜSTERWITZ IM DRITTEN REICH. München 1963, S. 171.

Auf einen Unterschied zwischen Witz und Humor wird im Text der Definition des Begriffes „Witz“ im Brockhaus-Lexikon hingewiesen:

Im Unterschied zum Witz entsteht der Humor immer aus einer gegebenen Situation, auf die er sich im Sinne einer komischen, erheiternden Verfremdung bezieht, wobei eine selbstbezügliche Distanz zur eigenen Person besteht.[21]

Werner Finck, der mutige Kabarettist der NS-Zeit, beschrieb und definierte zahlreiche Phänomene der NS-Diktatur oder allgemein bekannte, selbstverständliche Begriffe, aber oft verfärbt oder verunstaltet durch die nationalsozialistische Atmosphäre, auf wortspielerische, unnachahmlich witzige Weise.
Als Beispiel die Definition des Begriffs „Mann“:

Mann ist der auswechselbare Teil einer Mannschaft. Was man schafft als Einzelner, schafft man als Mannschaft mit der Mannschaft, die wiederum den einzelnen Mann schafft.. (S. 94)

Zahlreiche seiner Definitionen trug Bartel F. Sinhuber in der kleinen Sammlung „STICHWORTE zum Vor-, Nach- und Zuschlagen“[22] zusammen. Den Unterschied zwischen Witz und Satire formuliert Werner Finck so:

...beide klagen zunächst einmal an, nur die Satire verlangt ein hartes Urteil und besteht auf einer sofortigen Vollstreckung. Humor dagegen – lange nicht so aggressiv wie die Satire – verlangt zwar ebenfalls ein Urteil, aber erstens kein Hartes und zweitens verzichtet er auf eine sofortige Vollstreckung. Er gibt Bewährungsfrist. (S.123)

Zum Schluss dieses Kapitels soll noch die wichtige Funktion des Lachens erwähnt werden. Auch hierfür sei Werner Finck das Wort übergeben. Unter der Überschrift „Lachen, notwendiges“ sagte er:

Wenn die Würde echt ist, kann kein Lachen sie untergraben, wenn die Disziplin nicht nur aus Respekt und aus Knüppelgehorsam und aus solchen Sachen besteht, da kann ihr auch das Lachen nichts anhaben. So wäre es auf der anderen Seite durchaus zu begrüßen, wenn überall, in der Schule und im Leben, das Lachen als auflockerndes und lösendes Element hineinkäme. (S. 89)

---

[21] BROCKHAUS-ENZYKLOPÄDIE in 24 Bd.. Mannheim, 20. Aufl. 1996-1999, Bd. 24, S. 310.

22 Sinhuber, Bartel F. (Hg.): WERNER FINCK – STICHWORTE zum Vor-, Nach- und Zuschlagen. München / Berlin 1982.

III. Diktatur

1. Das Wesen einer Diktatur

Die Diktatur ist eine Herrschaftsform. Sie steht im Gegensatz zur Regierungsform der Demokratie und ist auf unbestimmte, meistens unbegrenzte Dauer angelegt. Sie besitzt vielfältige Erscheinungsformen, aber mehrere gemeinsame Strukturmerkmale. Diese sind:

1. Die Monopolisierung der Staatsgewalt bei einer Person (>Diktator<) oder Gruppe (Partei, Militär, Klasse);
2. die Unterdrückung der Opposition;
3. die Aufhebung der Gewaltenteilung;
4. die Gleichschaltung bzw. Kontrolle von autonomen Teilgewalten zugunsten der Zentral -gewalt;
5. die Unterdrückung bzw. Begrenzung des politischen und gesellschaftlichen Pluralismus;
6. die gänzliche oder weitgehende Einschränkung der Menschen- und Bürgerrechte;
7. die Ausschaltung oder weitgehende Behinderung der Öffentlichkeit bei der Kontrolle politischer Macht;
8. die Ersetzung des Rechtsstaates durch den Polizeistaat;
9. die Instrumentalisierung der Bürokratie zur Kontrolle des Einzelnen und der Gesellschaft im Ganzen.

Über diese Strukturelemente hinaus sucht die totalitäre Diktatur den einzelnen Menschen wie die gesamte Gesellschaft auf der Grundlage einer bestimmten, für alle verpflichtenden Ideologie zu >erfassen< und zu >manipulieren<. Dabei bedroht sie permanent jeden im Falle einer ideologischen Abweichung oder Opposition mit der Anwendung psychischer oder physischer Gewalt. Im Hinblick auf ihre konkreten Erscheinungsformen zeigt sich die Diktatur als Einparteiensystem, als > Führerstaat< oder elitär bestimmter Staat auf der Basis einer weltanschaulichen, ethnischen, rassischen oder religiösen Minderheit.[23]

Alle diese Strukturmerkmale treffen auch auf die nationalsozialistische Diktatur zu. Im Rahmen des Themas der vorliegenden Arbeit erübrigt es sich, andere Diktaturen der Vergangenheit oder Gegenwart aufzuzählen, gleichgültig, welcher Nationalität. Die rigorosesten Diktaturen des vergangenen und gegenwärtigen Jahrhunderts wurden ja vor allem durch die Flüchtlingsströme bekannt.

2. Die Entstehung einer Diktatur

Beim Vergleich der Entstehungsgeschichte verschiedener Diktaturen stößt man auf viele Ähnlichkeiten: Ein Politiker, oft auch ein hoher Militär, arbeitet sich bis zur höchsten Spitze seines Landes vor. Manchmal gelingt das auf ganz demokratische Weise. Das dauert allerdings meistens Jahre. Eine Möglichkeit, schneller an die Spitze einer Regierung zu gelangen, bietet der Putsch. Auch dafür gibt es nicht wenige Beispiele in der Weltgeschichte.

---

[23] BROCKHAUS-ENZYKLOPÄDIE in 24 Bd.. Mannheim, 20. Aufl. 1996-1999, Bd. 5, S. 516.

Kaum an der Spitze, geht es dem potentiellen Diktator darum, alle Staatsgewalt in der eigenen Person zu bündeln (was oft ohne Rücksicht auf Menschenrechte und Menschenleben vor sich geht) und diese Macht rigoros und selbstherrlich auszuüben. Im Klartext heißt das meistens: zu missbrauchen.
Damit beginnt die Alleinherrschaft des Diktators. Dieser muss ständig auf der Hut vor Angriffen gegen sein Machtmonopol sein, muss darauf erpicht sein, alle Gefahren, die ihm und seinem Regierungssystem drohen, abzuwehren, auszuschalten oder klein zu halten. Er kann keine Aufmüpfigkeit des von ihm unterjochten Volkes riskieren.
Ein Mensch, der den kleinen wie großen Problemen seines Daseins mit Humor begegnet, wird kaum sein Lebensziel darin sehen, Diktator zu werden. Deshalb kann man davon ausgehen, dass Diktatoren über wenig Humor verfügen und aus ihrer ständigen Misstrauens- und Abwehrsituation heraus auch keinen Humor erlauben, der „an ihrem Lack kratzt".

3. Konsequenzen einer Diktatur für das Volk

In einer Diktatur wird das Volk entmündigt und zu einer Herde degradiert, die dem Leithammel ohne eigene Willensausübung folgt. Jedes Ausscheren aus der Herde wird bestraft. Das heißt z.B. für einen Künstler, gleichgültig, ob Maler, Bildhauer, Schriftsteller oder Komponist, dass er sich auf die ideologische Vorgabe der Diktatur einzustellen, ihr zu dienen, sie in ihren Darstellungen, ihren Thematisierungen positiv zu beleuchten, sie zu preisen, sie zu verherrlichen hat – oder auf die Ausübung seines Berufs verzichten muss.
Der Diktator bestimmt auch das Ziel der *Pädagogik* in seinem Machtbereich: Über Kindergarten und Schule, über die Eltern, die Medien, die Jugendorganisationen wird die jüngste Generation des Volkes in die ideologische Denkweise des diktatorischen Systems hineingeführt.

Dieses System mag manchen „Volksgenossen" nur recht sein: nicht selber denken müssen; Entscheidungen ausweichen können; Verantwortung ausblenden; alle Planung, Wahl der Wegrichtung, Zielsetzung dem Herrscher, Diktator, „Führer", Leithammel überlassen. Das erspart Mühe.
Den Kindern und Jugendlichen, die in dieses System hineinwachsen und nie etwas anderes kennen gelernt haben, gibt die Diktatur einen ihr zum Vorteil gereichenden „Sinn des Lebens" mit auf den Weg: Dem Vaterland zu dienen. Denn das Vaterland ist in diesem Fall identisch mit dem Diktator.

Auch sozial braucht der Einzelne in einer Diktatur keine Initiativen zu entwickeln: Der Staat sorgt für alle, die sich ihm bedingungslos unterwerfen. Er „sorgt" auch für die, die nicht mit dem Strom schwimmen wollen: die Arbeitsscheuen, die moralisch sich nicht konform Verhaltenden, die politisch Aufmüpfigen, die störrisch ihren eigenen Kurs beibehaltenden Künstler. Die verschwinden in Lagern, Gefängnissen, Gräbern. Es herrscht Ordnung. Und der oberste Wie-immer-er-sichnennt macht alles richtig, irrt sich nie, ist unfehlbar. Man vertraut sich ihm an, verehrt ihn, gehorcht ihm blind. Das gefällt nicht nur dem Diktator, sondern auch einem guten Teil des Volkes, dem ein selbständiges Denken und Handeln unter eigener Verantwortung zu mühsam ist.

Auch das Pathos ist in Diktaturen beliebt. Eine Diktatur ohne Pathos? Undenkbar! Wem – sofern er in einer Diktatur lebt – beim Hissen der Landesfahne nicht ein Schauder der Ergriffenheit über den Rücken rieselt, der wird aus der Sicht des Diktators und vieler „Geführten" schon als unzuverlässig gewertet. Wer sich den mit Gefühlsüberschwang und Symbolen aufgeladenen ideologischen Liedern verweigert, erntet nicht nur Misstrauen „von oben", sondern auch aus dem Kreis derer, die ihn umgeben.
Andersdenkende und Andersfühlende mag man nicht neben sich. Und Symbole solidarisieren. Vor allem vereinfachen sie das Denken und Verstehen. Man braucht nicht einmal lesen und schreiben zu können, um Symbole zu erkennen. Eine Diktatur ohne Symbole? Auch schwer vorstellbar.

Fazit: Eine Diktatur verdirbt den Teil des Volkes, der sich ihr widerstandslos hingibt. Noch heute leben Zeitzeugen der Hitlerdiktatur unter uns, die diese (mehr oder minder heimlich) schätzen, ja lieben – und sie sich zurückwünschen.

IV. Diktatur und Humor

1. Verbotener Humor in der Diktatur

Die Begriffe „Humor" und „Diktatur" schließen einander nicht vollkommen aus. Denn kaum ein Mensch erträgt ein total ernstes Leben. Aber es lässt sich wohl behaupten, dass Diktaturen ein todernstes Gesicht und ein gebrochenes Verhältnis zum Humor haben und ihm sehr misstrauisch gegenüberstehen, wenn es sich nicht gerade um den Humor handelt, den der Diktator selbst produziert. (Mit der Frage, ob „unser" Diktator Humor besaß, wird sich die vorliegende Arbeit noch eingehend beschäftigen.)

Es ist vor allem der *politische* Humor, den Diktaturen fürchten. Er kann sich in Karikaturen, Witzen und Liedern, im politischen Kabarett, in Filmen und Theaterstücken, in Formen der Literatur zeigen und das Klima zerstören, das die Diktatur braucht, um bestehen zu können. Gags des politischen Humors verbreiten sich schnell, ihre Wirkung ist sozusagen ansteckend – und überaus gefährlich für Pathos jeder Spielart (feierliche Ergriffenheit, Gefühlsaufwallungen, seelische Erschütterungen, Glückseligkeit vermittelnde Erfüllung).
Pathos aber gehört zu jeder Diktatur: ein Wall gegen Kritik, eine Droge, die hehre Gefühle, die Inbrunst erzeugt – gläubige Inbrunst, die sich auf den Diktator und seine Ideologie bezieht.

Pathos gerät in Gefahr, wenn sich Humor mit ihm beschäftigt. Auf Menschen, die über Humor verfügen, wirkt Pathos meistens lächerlich. Vor allem der politische Humor ist ein Zerstörer des Pathos, mit dem sich eine Diktatur umgibt. Wer beim inbrünstigen Absingen eines ideologischen Liedes lacht, zieht den Zorn der unter der Pathos-Droge stehenden Diktator-Hörigen auf sich.

Zum Wesen des Humors gehört innerer Abstand zu den Vorgängen und zu sich selbst. Für Pathos aber ist innerer Abstand tödlich, denn bei ihm handelt es sich um Gefühlsüberschwang, der den, der ihn erlebt, unmittelbar bewegt, ja ihn überwältigt. Nicht nur die Gefühle sind davon betroffen, sondern auch der Körper: Das Herz schlägt schneller, die Augen leuchten, Tränen der Ergriffenheit fließen.

Politischer Humor nimmt sich die Freiheit, Vorgänge in der Diktatur und Funktionäre des Diktators, ja den Diktator selbst der Lächerlichkeit preiszugeben, offenbart Schwächen dieses diktatorischen Systems und der von diesem vertretenen Ideologie, bewirkt Schadenfreude, ja Verachtung, stärkt den Widerstand. Kein Wunder, dass in Diktaturen politischer Humor unter Strafe steht.
Besonderen Grund, ihn zu verfolgen, muss eine Diktatur in dessen Heimlichkeit, dessen Nichtbeobachtbarkeit sehen.

Z. B. die sogenannten „Flüsterwitze“ werden ja *heimlich* weitererzählt. Der Erzählende kann nur einer staatlichen Strafe unterzogen werden, wenn ihn jemand verrät bzw. anzeigt. Oder wenn er nicht vorsichtig genug in der Auswahl derer ist, denen er seine Witze erzählt. Von der Diktatur eingesetzten Horchern gelingt es doch ab und zu, das Vertrauen von Witze-Erzählern zu erringen. Aber wer drastische Strafen befürchten muss, wird in der Ausübung dessen, was auszuüben verboten ist, immer vorsichtiger werden. Man braucht nur an ein heimlich naschendes Kind zu denken. Und so werden auch in jeder Diktatur die heimlichen Verbreiter politischen Humors immer vorsichtiger, was allerdings nicht bedeuten muss, dass ihre Aktivität nachlässt. Not macht erfinderisch. Auch *solche* Not.

Kein Wunder, dass in einer Atmosphäre, in der man immer erst prüfen muss, was man sagt und zu wem man es sagt, Hoffnung, Vertrauen und Heiterkeit abnehmen, Angst und Traurigkeit zunehmen. Auch der Teil des Volkes, der brav in der Herde läuft, will das nicht in dumpfer Düsternis und starrem Ernst tun. Man lechzt nach Lockerheit, Heiterkeit, Amüsement.

2. Erlaubter Humor in der Diktatur

Jeder Diktator sieht sich zu einer Gratwanderung gezwungen: Er muss das von ihm unterdrückte Volk in Schach halten. Druck erzeugt Gegendruck. Um seine Untertanen auch weiterhin im Griff behalten zu können, tut er gut daran, sie abzulenken und zu unterhalten, Ventile zu öffnen, um damit den Druck zu senken. Brot und Spiele!
Ein Diktator und seine Funktionäre werden also dafür sorgen, dass heitere und unterhaltsame Veranstaltungen stattfinden, dass humorvolle Romane auf den Markt kommen, heitere Theaterstücke gespielt und lustige Lieder gesungen werden. Sie werden die Späße der Zirkusclowns und fröhliche Trachten- und Heimatfeste tolerieren. Sie werden nichts gegen Witze in Zeitungen, Abreißkalendern und Zeitschriften haben.

Unter einer Bedingung: Alle diese „von oben“ erlaubten und tolerierten „Eruptionen“ des Volkshumors dürfen nicht gegen den Diktator und seine Vasallen, auch nicht gegen die von ihnen vertretene Ideologie oder das Wesen der Diktatur gerichtet sein.
Entweder haben sich die humoristischen Kreationen einem politikfernen oder einem diktaturkonformen Thema zu widmen, wenn sie genehmigt oder toleriert werden sollen.

V. Das Verhältnis der NS-Diktatur zum Humor

1. NS-Barrieren gegenüber dem Humor

1.1. DAS DIKTATORISCHE SYSTEM

Schon durch seine Struktur bremste das System der NS-Diktatur das unbeschwerte Sich-Ausleben des Volkshumors.
Die Monopolisierung der Staatsgewalt in der Person Hitlers bewirkte sein Misstrauen und das der Funktionäre seiner Ideologie gegenüber anderen Personen / Gruppen, also potentiellen Kritikern bzw. Gegnern.
Misstrauen aber verträgt sich nicht mit Humor.

Die Unterdrückung der Opposition (Mitglieder anderer Parteien, Vertreter anderer Ideologien, Linksintellektuelle, Juden, Zeugen Jehovas, Homosexuelle und viele andere Gruppen) fand unter Anwendung von Gewalt statt. Schon ab der Machtübernahme Hitlers setzte sie ein. (Als Instrument vielfältiger Unterdrückung der Opposition sei hier nur das KZ Dachau genannt. Die SS errichtete es bereits im März 1933. Bis zum Kriegsbeginn hielt man in ihm vor allem Gegner des Nationalsozialismus gefangen, die „umerzogen“ werden sollten. Von 1933 bis 1945 wurden dort mindestens 32 000 Menschen umgebracht.)
Humor aber agiert gewaltlos.

Das Hitler-Regime hob die Gewaltenteilung auf, schaltete die einzelnen autonomen Teilgewalten zugunsten der eigenen Zentralgewalt gleich und unterdrückte den politischen und gesellschaftlichen Pluralismus Deutschlands. (Beispiel: Die dem NS-System nicht genehme Kunst wurde als entartet bezeichnet und massiv abgelehnt. Am 10. Mai 1933 fanden in vielen Städten Deutschlands auf Anordnung der NSDAP Bücherverbrennungen statt. Bücher von Feinden der Nazi-Ideologie wie Bert Brecht, Erich Kästner, Erich Maria Remarque, vor allem aber von jüdischen Autoren, z.B. Kurt Tucholsky, Heinrich Heine oder Franz Werfel, durften in Deutschland nicht mehr gedruckt, verlegt und verkauft werden. Die Autoren der verbrannten Bücher durften ab sofort in Deutschland auch nichts Neues mehr veröffentlichen.
Ähnlich ging es Malern von als „entartet“ deklarierter Kunst wie z.B. Otto Dix und Oskar Kokoschka.

Natürlich beeinträchtigten diese rigorosen diktatorischen Staats-Eingriffe die Freiheit des Einzelnen massiv. Mit dieser Politik trieb Hitler eine große Zahl der fähigsten Künstler, Literaten und Wissenschaftler ins Ausland. Erlaubnis für künstlerische und wissenschaftliche Arbeit gab es nur noch für die Einzelnen oder Gruppen, die Hitler unterstützten.
Humor aber braucht Freiheit, wie der Mensch Luft zum Atmen braucht.

Die NS-Diktatur missachtete die Menschen- und Bürgerrechte gänzlich oder schränkte sie weitgehend ein. (Diese Beeinträchtigung mussten vor allem die jüdischen Mitbürger erdulden. Ab seiner „Machtübernahme“ ließ Hitler ihre Rechte immer mehr beschneiden. Schon ab dem 1. April 1933 wurde staatlicherseits zum Boykott jüdischer Läden aufgerufen, 1935 erschienen die „Nürnberger Gesetze“, die einen tiefen Eingriff in die Rechte der Juden darstellten. In der Nacht vom 9. auf den 10. November 1938 wurden die Synagogen auf Befehl „von oben“ in ganz Deutschland zerstört. Wer nicht ins Ausland flüchtete oder den Freitod wählte, kam ab 1942 in ein Vernichtungslager, wo Menschen auf eine geradezu industrielle Weise getötet wurden.) Der NS-Staat schaltete die Öffentlichkeit bei der Kontrolle politischer Macht aus oder behinderte sie dabei massiv. Außerdem ersetzte er den Rechtsstaat durch den Polizeistaat.

Das Gefühl von Rechtlosigkeit und Ohnmacht gegenüber den Polizeiorganen eines die Grundrechte verachtenden Staates erzeugt Angst. Dieses Angstgefühl griff auch über auf den Teil der Bevölkerung, der Hitler unterstützte. Man musste ja befürchten, dass möglicherweise durch eine Unvorsichtigkeit, ein Missverständnis, eine Begegnung mit einem Menschen, dessen Einstellung zum NS-System einem nicht genau bekannt war, auch einmal der Schatten eines Verdachts auf einen selbst fallen konnte.

Eine andere unterschwellige Angst breitete sich während der letzten Kriegsjahre umso mehr aus, je deutlicher zu erkennen war, dass Deutschland den Krieg verlieren würde. Nach diesem verbrecherischen Regime musste man mit einer harten Bestrafung des deutschen Volkes rechnen!

Auch die Instrumentalisierung der Bürokratie zur Kontrolle des Einzelnen und der Gesellschaft im Ganzen – in einem demokratischen Staatssystem ein unerschöpflicher Gegenstand des Volkshumors – wurde in der NS-Diktatur zum Auslöser von Beklemmungen und dadurch zu einem Humorhemmer.

1.2. PATHOS UND SYMBOLE

Von Pathos und Symbolen war schon die Rede. Sie gehören zu jeder Diktatur. Auch in der NS-Diktatur wurde alles, was sich dazu eignete, pathetisch überhöht und symbolisch überfrachtet. Man muss nur an die Aufmärsche bei den Reichsparteitagen, an die Fackelzüge und Sonnwendfeuer, die Sprechchöre und Parteifeiern, die Gelöbnis-Veranstaltungen und Fahnenweihen denken, muss sich Hitlers und Goebbels' Reden, die Ordenflut und die NS-Literatur ins Gedächtnis rufen.
Hier eine Beschreibung der üblichen Art der Goebbels-Reden:

Der anregende pathetische Bariton des Propagandaministers vibrierte bei politischen Reden. Die Witzbolde liebten es, diese Stimme nachzuahmen und dabei oft völlig unlogische Behauptungen und Forderungen aufzustellen oder auch nur dummes Zeug zu proklamieren. Sie drückten damit aber sehr richtig aus, dass bei Goebbels die Gefühlsverpackung eigentlich alles und der Inhalt kaum etwas bedeutete, weil diese Propaganda mit den Stimmungen des Volkes arbeitete. Tatsächlich hätte Goebbels etwa bei seinem Aufruf zum „Totalen Krieg" im Berliner Sportpalast 1943 von der Forderung einer sechzehnstündigen täglichen Arbeitszeit auf 20, 24 oder gar 28 Stunden weitersteigern können, und es wäre ihm noch mit ekstatischem Heilgebrüll abgenommen worden. In der damaligen aufgeladenen Atmosphäre dachte der Mensch gar nicht mehr, sondern empfand kollektiv und rhythmisch. (...) Goebbels verband in seinem Redestil Jahrmarktschreierei mit priesterlicher Zelebration. Er half entscheidend, das sakrale Pathos des Dritten Reiches auszubilden.[24]

Natürlich haben sich heimliche Witzbolde an Goebbels' Redepathos herangewagt. Gamm hat auch diese Flüsterwitze gesammelt. Einer davon:

Wir werden dem deutschen Soldaten nicht ein, nicht zwei, nicht drei – nein, wir werden dem deutschen Soldaten *Vier*fruchtmarmelade an die Front schicken![25]

Und dann die Lieder! Es sei nur an so bekannte Liedertexte erinnert wie den von Hans Baumann:

Nun lasst die Fahnen fliegen
in das große Morgenrot,
das uns zu neuen Siegen
leuchtet oder brennt zu Tod.

Und mögen wir auch fallen,
wie ein Dom steht unser Staat.
Ein Volk hat hundert Ernten
und geht hundertmal zur Saat.

Deutschland, sieh uns: Wir weihen
dir den Tod als kleinste Tat.
Grüßt er einst unsre Reihen,
werden wir die große Saat.[26]

Oder das ebenfalls damals sehr bekannte Gedicht von Baldur von Schirach:

Siehe, es leuchtet die Schwelle,
die uns vom Dunkel befreit,
hinter ihr strahlet die Helle
herrlicher, kommender Zeit.

Die Tore der Zukunft sind offen
dem, der die Zukunft bekennt
und in gläubigem Hoffen
heute die Fackeln entbrennt.

---

[24] Gamm, Hans-Joachim: DER FLÜSTERWITZ IM DRITTEN REICH. München 1963, S. 90f.
[25] Ebenda, S.91.
[26] Reichsjugendführung (Hg.): WIR MÄDEL SINGEN. Liederbuch des Bundes Deutscher Mädel, Wolfenbüttel und Berlin 1938, S. 26.

Stehet über dem Staube,
ihr seid Gottes Gericht.
Hell erglühe der Glaube
an die Schwelle im Licht.[27]

In beiden Gedichten blüht Pathos, wimmelt es von Symbolen, wird an die hehrsten Gefühle gerührt. Derartig hochtrabender Schwulst, verbunden mit dem dazugehörigen Accessoire an Uniformen, Fackeln, Fahnen, Trommeln, Fanfaren usw., verbot jede Heiterkeit, verbannte sie im günstigsten Fall nach innen. Pathos verlangt Ergriffenheit, innere Aufgewühltheit!
Die Schulbücher, die Reden der NS-Funktionäre, die Vorworte wissenschaftlicher Werke, die Programme schulischer oder Partei-Feierstunden, ja sogar die Traueranzeigen für die Gefallenen waren damals an Pathos kaum zu überbieten.
Hier ein Zitat von Joseph Goebbels, das die NS-Richtung vorgibt:

Die deutsche Kunst des nächsten Jahrzehnts wird heroisch, sie wird stählern-romantisch, sie wird sentimentalitätslos-sachlich, sie wird national mit großem Pathos und sie wird gemeinsam, verpflichtend und bindend sein, oder sie wird *nicht* sein.[28]

Nein, zum Glück *war* sie nicht!

1.3. FEHLENDER ABSTAND

Der Nationalsozialismus ist eine emotional gesteuerte Bewegung. Er fordert nicht auf zu Reflektion und nüchternem Überdenken, spricht nicht den Verstand an, sondern die Gefühle. In der Literatur des Nationalsozialismus, in den Parteiveranstaltungen, in den Reden von NS-Politikern, ja vor allem in den Hitlerreden begegnet man andauernd Beweisen von Gefühlsaufwallungen. Was fehlt, ist nicht nur der Abstand zu der Erscheinungsform der Welt, wie man sie gerade erlebt, sondern auch der Anstoß, nach Abstand von ihr zu streben, um sich ein möglichst objektives Bild von ihr zu verschaffen. Denn nur mit innerem Abstand kann man zu einer nüchternen Beurteilung der Lage und anschließend zu einer verstandesgesteuerten Reaktion in eigener Verantwortung gelangen.

Eine nüchterne Beurteilung der Lage des Volkes während der NS-Zeit, aus innerer Distanz heraus, wäre den führenden Funktionären des Nationalsozialismus gar nicht recht gewesen. Denn dafür hätte man sich ja von dem Begeisterungstaumel, dem Rausch befreien müssen. Deswegen taten sie alles, um Abstand zu verhindern. So stand das NS-System auch dem Begriff „Reflektion" kritisch gegenüber.
Einem Beispiel hierfür begegnet man in der letzten Strophe eines Gedichtes von Will Vesper, das er im Jahr 1942 dem Schriftsteller Bruno Brehm widmete. Anlass dazu war dessen 50. Geburtstag.

---

[27] Reichsjugendführung (Hg.): WIR MÄDEL SINGEN. Liederbuch des Bundes Deutscher Mädel. Wolfenbüttel und Berlin 1938, S. 7

[28] Zitiert in: Lübbe / Lohmann (Hg.): DEUTSCHE DICHTUNG IN VERGANGENHEIT UND GEGENWART. Hannover 1940, S. 276.

LEBENSSPRUCH
So lass auch du dich nie verführen,
dem eignen Wandel nachzuspüren.
So wurdest du. So musst du sein.
Sä weiter aus. Fahr weiter ein.
Er, der die Saat zuerst gemischt,
trennt Spreu und Korn schon, wenn er drischt.[29]

1.4. MISSTRAUEN GEGENÜBER DEN INTELLEKTUELLEN

Hier geht es um die Fähigkeit des Erkennens. Der Begriff „Intellekt“ steht in engem Bezug zu dem der Vernunft und des Verstandes.

Unter Intellektuellen versteht man

> Menschen, die in der Regel wissenschaftlich gebildet sind, eine geistige, künstlerische, akademische oder journalistische Tätigkeit ausüben und deren Fähigkeiten und Neigungen auf den Intellekt ausgerichtet sind. Seit dem 19. Jh. dient der Begriff zur (mitunter polemischen) Bezeichnung einer besonderen sozialen Gruppe, deren Mitglieder sich sowohl ihrem Selbstverständnis nach als auch ihrer sozialen Stellung wegen vor die Aufgabe gestellt sehen, nicht in erster Linie aufgrund ihres Fachwissens, sondern vor allem aufgrund einer >sozialen Verantwortlichkeit< den Stand der Gesellschaft und den Gang der sozialen Entwicklung kritisch reflektierend zu begleiten, zu Tagesereignissen Position zu beziehen und unter Umständen auch korrigierend einzugreifen.[30]

Kein Wunder also, dass so viele Intellektuelle wie z.B. Bert Brecht, Thomas Mann, Sigmund Freud zur Emigration gezwungen wurden, andere, u.a. Erich Kästner und Emil Nolde, Schreib- oder Malverbot erhielten und sich in der sogenannten „Inneren Emigration“ oft mühsam durchschlagen mussten, jüdische Intellektuelle wie Kurt Tucholsky oder Erich Mühsam sogar in KZs geschunden und ermordet wurden. Sie alle galten dem NS-System als Sand im Getriebe, als unliebsame Störer, zumal nicht wenige von ihnen durch ihre politisch-humoristischen Texte oder ihre Kritik am nationalsozialistischen System bekannt geworden waren.

1.5. NATIONALISMUS – EINE HUMORLOSE IDEOLOGIE

Das Wort „Nationalismus“ ist ja in dem Wort „Nationalsozialismus“ enthalten. Nur das Adjektiv „sozial“ ist noch hineingeklemmt. Diese Wortschöpfung ließ aber eher an einen „nationalen Sozialismus“ denken.
Gewiss, das Programm der Nationalsozialisten enthielt auch die Sorge um die Ärmsten und Schwächsten des Volkes, fühlte sich für sie verantwortlich. Logisch: Das Volk (nur das deutsche, versteht sich!) war ja das höchste Gut, das man besaß

---

[29] Schremmer, Ernst (Hg.): BUCH DES DANKES. Bruno Brehm zum 50. Geburtstag. Festgabe der sudetendeutschen Heimat. Im Auftrag des Gauleiters und Reichsstatthalters Konrad Henlein. Karlsbad / Leipzig 1942. Seite ? (Sammlung von Widmungsbeiträgen der damaligen bekanntesten NS-Schriftsteller.)
[30] BROCKHAUS-ENZYKLOPÄDIE in 24 Bd.. Mannheim, 20. Aufl. 1996-1999, Bd. 10, S. 590.

und für das man jederzeit Opfer zu bringen bereit sein sollte. („Du bist nichts, dein Volk ist alles.“)
Aber natürlich überschattete der Begriff „Nationalismus“ den Einschub „sozial“. Ohne Zweifel lag der Schwerpunkt der nationalsozialistischen Ideologie im Begriff „Nationalismus“. Eigentlich wäre der Überzeugung, die die Bewegung des Nationalsozialismus zwischen 1933 und 1945 in die Realität umsetzte, mehr entsprochen worden mit der Bezeichnung „Sozial-Nationalismus“ – frei nach dem Motto „Deutschland, Deutschland über alles...“

Sieht man sich die Definition des Begriffs „Nationalismus“ an, stößt man auf allerlei Fragwürdiges:

> Eine Ideologie, die auf der Grundlage eines bestimmten Nationalbewusstseins den Gedanken der Nation und des Nationalstaates militant nach innen und außen vertritt. Sie sucht durch nationale Identifikation, aber auf durch Assimilation oder gewalttätige Gleichschaltung soziale Großgruppen zu einer inneren Einheit zu verbinden und gegen eine anders empfundene Umwelt abzugrenzen. (...)
> Das Bewusstsein eines Anders- und Besonderseins verbindet sich im Nationalismus oft mit einem starken Sendungsbewusstsein. Die Hochschätzung der eigenen Nation, der Vorrang, der ihren Rechten und Interessen (besonders auf territorialem oder wirtschaftlichem Gebiet) eingeräumt wird, geht häufig einher mit der Geringschätzung, gar Verachtung anderer Völker oder nationaler Minderheiten (Fremdenfeindlichkeit, Rassismus.) Das nationale Interesse (...) wird zum alleinigen Maßstab des politischen Handelns, besonders in seiner höchsten Steigerung, im Chauvinismus.[31]

Hier muss ich wieder auf meine Zeitzeugenrolle zurückgreifen: Bis zum Alter von 10 ½ Jahren war ich Angehörige der deutschen Minderheit in der Tschechoslowakei, also Auslandsdeutsche. Das in diesen Kreisen beliebte Erziehungsmittel „Ein *deutsches* Mädchen *tut* das nicht!“ war mir vertraut. Ich bin in einem deutschen Ort Ostböhmens geboren und aufgewachsen und erlebte dort als Kind täglich die Wirkungen eines verbohrten Nationalismus. Denn von 1919, dem Geburtsjahr der Tschechoslowakei, bis 1938, dem Jahr der Abtrennung des deutschbesiedelten Grenzlandes von der Tschechoslowakei und dessen Angliederung an das Deutsche Reich, prallten überall, wo in dem neugegründeten tschechoslowakischen Staat die deutsche Minderheit lebte, tschechischer und deutscher Nationalismus aufeinander. Er zeichnete sich auf beiden Seiten durch Verbohrtheit, Rechthaberei, Trotz, Renitenz, Untoleranz, Verachtung des Gastvolkes und dementsprechender eigener Überheblichkeit aus.
Eine ähnliche Haltung vieler Auslandsdeutschen, allerdings 11 Jahre nach dem Ende des Nationalsozialismus, deshalb abgeschwächt, erlebte ich ab 1956 in Chile und Kolumbien. Ging es um nationalistische Themen, verlor sich der Humor. An seine Stelle trat Verbissenheit oder sogar – bei der Begegnung mit einer entgegengesetzten Meinung – Aggression und Hass.

---

[31] BROCKHAUS ENZYKLOPÄDIE in 24 Bd.. Mannheim, 20. Aufl. 1996-1999, Bd. 15, S. 394.

1.6. VERDÜSTERTE ATMOSPHÄRE

Ab der Stalingrad-Niederlage, vor allem aber ab Mitte 1944, nachdem fast jede Großfamilie Gefallene und Vermisste zu beklagen hatte, die Zahl der Toten und die Trümmerfelder nach jedem Bombenangriff Entsetzen auslösten, der Rückzug an allen Fronten immer deutlicher wurde und der Volksgerichtshof wütete, löste sich auch bei den hartnäckigsten Optimisten die Euphorie der ersten Kriegszeit auf. Eine gründliche Ernüchterung folgte. Von der nicht mehr zu vertuschenden Realität gezwungen, versuchte man sich auf das einzustellen, was vielen „Volksgenossen" bisher nicht vorstellbar erschienen war: eine militärische Niederlage. Eine düstere, pessimistische Stimmung breitete sich aus, die nur noch aufgehellt wurde von der Hoffnung auf die Wunderwaffe. Und es wurde getrauert um die Vision eines gewonnenen Krieges, die man nun zerrinnen sah: tausend Chancen verloren! Vor allem aber das „tausendjährige Reich".

2. Hatte Hitler Humor?

2.1. DER JUNGE ADI

Es gibt Zeugnisse des Schülers Hitler, es gibt Zeugenaussagen von seinen Verwandten, Lehrern, Mitschülern.

Adolf besuchte eine Realschule in Linz (Österreich) von seinem elften bis fünfzehnten Lebensjahr. Nach dem gescheiterten Münchener Putschversuch im November 1923 bat Hitlers Verteidiger, Dr. Lorenz Roder, Adolfs ehemaligen Klassenlehrer, Dr. Eduard Huemer, um ein „umfassendes Zeugnis über den Charakter und die Betätigung seines ehemaligen Schülers Hitler".

Im Antwortschreiben Dr. Huemers vom 12. Dezember 1923 heißt es:

> „Ich habe mich bemüht, Ihre Anfrage in womöglich erschöpfender, den Tatsachen vollkommen Rechnung tragender Weise zu erledigen. Dabei habe ich mich nicht nur an die mehr oder minder trockenen amtlichen Eintragungen in den Katalogen gehalten, ich habe auch einige der noch erreichbaren ehemaligen Lehrer Hitlers ausgefragt, habe mit mehreren seiner einstigen Schulkameraden Rücksprache gepflogen und habe – last noch least – mein eigenes, ziemlich verlässliches Gedächtnis und die noch verlässlicheren Aufzeichnungen meiner Handkataloge zu Rate gezogen."[32]

Hitlers Lehrer hat sich also, wenn man seinen Worten glauben darf, auch die Meinungen anderer, die den Schüler Adolf gekannt hatten, über diesen eingeholt, bevor er dessen Charakterisierung niederschrieb:

> Ich erinnere mich ziemlich gut des hageren, blassen Jungen, der da täglich zwischen Linz und Leonding hin- und herpendelte. Er war entschieden begabt, wenn auch einseitig, hatte sich aber wenig in der Gewalt, zum mindesten galt er für widerborstig, eigenmächtig, rechthaberisch und jähzornig, und es fiel ihm sichtlich schwer, sich in den Rahmen einer Schule zu fügen. Er war auch nicht fleißig, denn sonst hätte er bei seinen unbestreitbaren Anlagen viel bessere Erfolge

---

[32] Jetzinger, Franz: HITLERS JUGEND. Phantasien, Lügen – und die Wahrheit. Wien 1965, S.100.

erzielen müssen. Hitler war nicht nur ein flotter Zeichner, sondern wusste auch in den wissenschaftlichen Fächern Entsprechendes zu leisten, nur pflegte seine Arbeitslust sich immer rasch zu verflüchtigen. Belehrungen und Mahnungen seiner Lehrer wurden nicht selten mit schlecht verhülltem Widerwillen entgegengenommen, wohl aber verlangte er von seinen Mitschülern unbedingte Unterordnung, gefiel sich in der Führerrolle und leistete sich auch allerdings manch weniger harmlosen Streich, wie solche unter unreifen Jungen nicht selten sind....[33]

Eine zweite Charakterisierung des jungen Hitler sagt auch viel zum Thema aus: Am 22. Mai 1904 (Pfingsten) fand seine Firmung im Linzer Dom statt. Er war bereits 15 Jahre alt. Firmpate war ein ehemaliger Kollege von Adolfs verstorbenem Vater, Emanuel Lugert. Adolf war sein dritter Firmling von insgesamt elf. Das Ehepaar Lugert ließ sich nicht lumpen, lud Mutter und Sohn Hitler zum Mittagessen im eigenen Heim ein und machte anschließend mit ihnen im Zweispänner eine Spazierfahrt mit dem Endziel Leonding, wo der Junge nach der Ankunft in der Wohnung der Hitlers so schnell wie möglich nach draußen verschwand. Ein Rudel Buben erwartete ihn schon.
Lugert, später Regierungsrat, schilderte – laut Jetzinger[34] – den damaligen Schuljungen Adolf Hitler so:

Unter allen meinen Firmlingen hatte ich keinen derart mürrischen und verstockten wie diesen, um jedes Wort musste man ihm hineinsteigen.

Seine Frau hatte keinen besseren Eindruck von dem Halbwüchsigen:

Den Buben hätte man unmöglich gern haben können, er hat alleweil so finster dreingeschaut und hat nicht ja und nicht nein gesagt.

Nichts deutet auf Humor im Charakter des jungen Hitler hin. Auch Hitlers eigene Erinnerungen an jugendliche Streiche, Pannen und Pleiten wie die Geschichte vom Verlust seines Halbjahreszeugnisses in Steyr[35] zeigen keinen *heiteren* Jugendlichen, keine Spuren von Humor in dessen Charakter.

August Kubizek war zwischen 1904 und 1908 mit dem jungen Hitler befreundet. Ihr gemeinsames Interessengebiet: die Musik Richard Wagners. Sie besuchten jede in Linz angebotene Wagner-Oper. In seinem Buch ADOLF HITLER, MEIN JUGENDFREUND berichtet Kubizek von einer Aufführung des „Lohengrin" auf der technisch sehr bescheiden ausgestatteten Linzer Opernbühne. Durch die Ungeschicklichkeit eines Bühnenarbeiters fiel Lohengrin aus dem von einem Schwan gezogenen Kahn und musste – ziemlich verstaubt – wieder in ihn hineinklettern. Begreiflicherweise erheiterte dieser Vorgang das Linzer Publikum. Auch die Elsa-Darstellerin konnte ein Gelächter nicht unterdrücken. Sicher hat auch Gustl gelacht.

---

[33] Jetzinger, Franz: HITLERS JUGEND. Phantasien, Lügen – und die Wahrheit. Wien 1965, S. 115f.
[34] Ebenda, S. 115f.
[35] Jochmann, Werner (Hg.): ADOLF HITLER. Monologe im Führerhauptquartier 1941 – 1944. Hamburg 1980. Sonderausgabe 2000, München 2000.

Diese allgemeine Heiterkeit empörte Adolf. In einer Wagner-Oper lachen: aus seiner Sicht ein Sakrileg![36]

Aber der junge Hitler lachte auch nicht *außerhalb* eines Opernhauses. Kubizek schildert in seinem Buch ausführlich die gemeinsame Zeit mit Hitler in Wien, in der Studentenbude Stumpergasse 31, Hinterhaus. Während seines ganzen ersten Studiensemesters am Konservatorium wohnte Gustl dort mit Adi zusammen, und es gab eine Reihe von Situationen, deren Komik Gustl begreiflicherweise zum Lachen reizte. Zum Beispiel der Praterbesuch, die Übernachtung im Heustadel im Gebirge, die Originalität der Zimmervermieterin. Offensichtlich vermochte Adi Komisches nicht zu erkennen. Wohl aber Erhabenes.

Obwohl Kubizek auch nach 1945 Adi, seinem einstigen Jugendfreund und nun toten Dikator, noch gewogen zu sein schien, schildert er diesen so, dass man ihn als äußerst unsympathisch, manchmal sogar hinsichtlich seiner Veranlagungen als bemitleidenswert empfindet: ein ernster, verklemmter, ja düsterer junger Mensch, der nicht fähig war, das Leben locker zu nehmen, es zu genießen. Er verbohrte sich in finstere Theorien und Ideologien, strebte Ziele an, die im Zusammenhang mit ihm, dem damaligen Nichts, nach Größenwahnsinn rochen, und begegnete Kubicek vor allem als ein Besserwisser, Kritiker und kontaktarmer Mensch, der die Schuld an seinen Misserfolgen nie bei sich selber suchte, sondern anderen zuschob.
Eine heitere Sicht der Dinge hat er – davon kann man ausgehen – nie angestrebt und wohl auch nie erlebt.

So werden die Charakterisierungen Dr. Huemers und Lugerts durch Kubizeks Eindrücke und Erfahrungen nur unterstrichen. Auf Humor, auf heitere Gelassenheit stößt man da nirgends.

2.2. DER STAATSMANN

Hitler änderte sich nicht, was seinen Sinn für Humor betraf. Wohl wurde er mit zunehmendem Alter selbstsicherer, gleichzeitig auch rücksichtsloser, überheblicher, verlor zunehmend die Fähigkeit, Realitäten wahrzunehmen. Aber so gut wie nie sah man ihn lachen. Auf Fotos, vor allem mit Kindern, lächelt er manchmal. Das hat aber sicher nichts mit „heiterer Gelassenheit", zu tun, eher mit einem Zugeständnis an die psychische Wirkung auf das Volk: Hitler mit Kindern kam an. Auch ein erhabener Staatsmann hat Kindern gegenüber Gefühle zu zeigen, hat gerührt zu lächeln.

Als Ende des Bildbandes HITLER IN DER KARIKATUR DER WELT, an anderer Stelle der vorliegenden Arbeit ausführlich besprochen, wählte der Herausgeber Ernst Hanfstaengl, damals ein Freund des „Führers" aus den „Kampfjahren" der

[36] Kubizek, August: ADOLF HITLER, MEIN JUGENDFREUND. Graz und Stuttgart 1953, S. 80.

NSDAP, ein Foto von Hitlers Kopf im Profil mit heiterem Gesichtsausdruck. Darunter setzte er ein Gedicht von einem R. R. Die erste Strophe lautet:

Deutsche Leser!
"Das Lied ist aus"!
Ihr sah't die Bilder dieses Buches alle;
folgt Eurem Führer auch in diesem Falle,
tut, was er macht,
lacht, wie er lacht!

Hier war wohl der Wunsch der Vater des Gedankens: Vermutlich wünschte sich ihn auch der Kreis seiner Getreuen heiterer, wünschte sich einen „Führer", der in spontanes Gelächter ausbrechen konnte!
Über die Anti-Hitler-Karikaturen, die dieses Buch enthält, hat Hitler sicher *nicht* gelacht.

Leni Riefenstahls Film „Triumph des Willens" zur Olympiade 1936 enthält keine Szene mit einem heiteren Hitler. Eine Andeutung von Lächeln, das ist alles. Sicher wird er über einen guten Witz gelacht haben, wie man eben bei solchen Gelegenheiten zu lachen hat, will man nicht den Eindruck hinterlassen, man habe den Witz nicht verstanden. Aber eine heitere Sicht des Weltgeschehens entspringt ja einer Grundhaltung, ist also kein einzelner, in sich abgeschlossener Verhaltensvorgang.

Es existieren Teile dieses sicher reichlichen Filmmaterials, die aus irgendwelchen Gründen das makellose Bild des „Führers" und den Ruhm der von Deutschen ausgerichteten Olympiade geschmälert hätten und deshalb von der Riefenstahl nicht mit in den endgültigen Film einbezogen wurden. (Z.B. ein Bild Hitlers, auf dem er – fasziniert das sportliche Geschehen verfolgend und dabei die Kontrolle seines eigenen äußeren Verhaltens vergessend – unaufhörlich seinen Oberkörper hin- und herschwingt wie ein an Hospitalismus leidendes Kind.) Sie wurden vor ein paar Jahren im Fernsehprogramm gezeigt.
Auch auf diesen Fragmenten lässt sich kein lachender Hitler finden.

Als Zeitzeugin – zwischen meinem elften und meinem siebzehnten Lebensjahr – habe ich vielen Hitlerreden zugehört: im nationalsozialistisch ausgerichteten Elternhaus, in der Schule, in der Öffentlichkeit. Meistens langweilte ich mich bald, denn ich verstand fast nichts von dem, was Hitler sagte.
Was mich aber sehr interessierte, war die Reaktion der Zuhörer. Es ging ja immer um Rundfunkübertragungen, also sah man die Zuhörer nicht, man hörte sie nur. Nicht selten war nach einer Äußerung Hitlers ein schallendes Gelächter, Gejohle, Getrampel zu hören, als habe er einen Witz gemacht. Tatsächlich ließ er in seine Reden ab und zu primitiv-belustigende, meist zynische Formulierungen einfließen, die das Ziel hatten, den Gegner herabzusetzen und lächerlich zu machen.

Den Mitunterzeichner des Münchner Abkommens, Arthur Neville Chamberlain, den er bereits am 26. Oktober 1938 auf dem Marktplatz von Znaim mit den Worten brüskiert hatte: „Heute kann ich es offen aussprechen: Am 2. Oktober, morgens 8 Uhr, wären wir hier einmarschiert, so oder so", verspottete er am 6. November 1938 auf dem Gautag der thüringischen Nationalsozialisten in Weimar als „Regenschirmtyp", was von den Versammlungsteilnehmern mit frenetischem Beifall und Gelächter quittiert wurde.[37]

Der übertriebene Applaus der Zuhörer hatte sicher wenig mit dem jeweiligen „Witz" zu tun, sondern muss als Zeichen der Absicht gewertet werden, dem „Führer" damit ihre kritik- und bedingungslose Ergebenheit zu signalisieren.

Hitler-Humor ist also kaum zu finden. Hätte Hitler über Humor verfügt, wäre er wohl nicht auf den Gedanken gekommen, Diktator zu werden.
Wohl aber wurde dem „Führer" zuweilen von seinen Anhängern ein Lächeln angedichtet, weil Lächeln eben gleichgesetzt wird mit Glücklichsein.
Hier ein Beispiel aus der Lyrik. Es stammt von Hans Johst, der das in der NS-Zeit sehr erfolgreiche Schauspiel „Schlageter" schrieb. Er war zwischen 1933 und 1945 u.a. Preußischer Staatsrat, Präsident der Deutschen Akademie für Dichtung, Präsident der Union nationaler Schriftsteller, Präsident der Reichsschrifttumskammer, Reichskultursenator, Reichsfachschaftsleiter für Schrifttum im Kampfbund für deutsche Kultur, Mitglied des Reichsbauernrates, Träger der Wartburg-Dichter-Rose und SS-Gruppenführer.[38]
Schon allein diese Aufreihung reizt heutzutage zu Heiterkeit!

DEM FÜHRER
Eine Faust zertrümmert Träume,
Unwürdig deines Schlafes, schlummerndes Deutschland!
Ein Wort sprang auf – stolz, klar und frei –
Wurde Sprache, Gesetz und Macht.
Sprengte der Bedenken verängstete Räume,
Und ein Volk, von deinem Gesicht überlichtet, erwacht.

Und aus der Tiefe steigt es empor,
Und immer höher treibt es der Chor
Dem Segen des Führers entgegen.
Und Führer und Himmel sind ein Gesicht.
Im Glockenstuhl schwingt das beseelte Erz,
Das deutsche Herz dröhnt im jungen Licht!

Und Volk und Führer sind vermählt.
Das Dritte Reich versteint, gestählt,
Steht festgefügt im Morgenglanz,
umbaut als köstliche Monstranz
Dein glücklichstes Lächeln, mein Führer![39]

---

[37] Wiener, Ralf: GEFÄHRLICHES LACHEN. Schwarzer Humor im Dritten Reich. Hamburg 1994, S. 37.
[38] Sarkowicz, Hans / Mentzer, Alf: LITERATUR IN NAZI-DEUTSCHLAND. Ein biografisches Lexikon. Hamburg /Wien 2000, S. 210.
[39] Wulf, Joseph: LITERATUR UND DICHTUNG IM DRITTEN REICH. Eine Dokumentation. Frankfurt/M / Berlin / Wien 1983, S. 124.

Dieses Lächeln hat absolut nichts mit Humor zu tun. Nur mit Wunschdenken und Pathos des Autors.
„Dein *glücklichstes* Lächeln"?
Es ist zu vermuten, dass Hitler nicht einmal fähig war, Glück zu empfinden. Denn Glücksgefühle beinhalten ja auch Dank. Da er sich selbst maßlos überschätzte, sich als das absolute Maß seiner politischen Bewegung betrachtete, wird er höchstwahrscheinlich alle seine Erfolge mit Befriedigung aufgenommen und sie mit größter Selbstverständlichkeit seiner – eingebildeten – Genialität zugeschrieben haben.

VI. Volkshumor in Deutschland 1933 – 1945

1. Verbotener Humor

1.1. JOSEPH GOEBBELS' EINSTELLUNG ZUM HUMOR

In der schon erwähnten Sammlung WERNER FINCK / STICH-WORTE (1982) findet man unter dem Stichwort „Humor (Goebbels)“ folgende Aussage Goebbels' im VÖLKISCHEN BEOBACHTER des 4. 2.1939:

> Natürlich gibt es in Deutschland noch Humor genug. Aber es gibt Reservate, die uns heilig sind, und an die soll sich niemand heranwagen...Wir haben Humor, aber hier gibt es eine Grenze.“

Diesen Ausspruch kommentiert Finck unmittelbar nachfolgend so:

> Diese Abers hätten nicht kommen dürfen. Nichts ist ja für den Humorlosen entlarvender als das *Aber* und die *Grenze*. Wie oft kann man das hören: Ich habe weiß Gott Sinn für Humor – *aber*: das geht zu weit!
> Nun, wenn Sie mich fragen, da wo es denen zu weit geht, da fängt der Humor grad erst an.[40]

1.2. SATIRISCHE ZEITSCHRIFTEN

Im Frühjahr1933 veranlasste Hitler die „Gleichschaltung“ (ein aus der Elektrotechnik entlehntes Wort), Schlüsselbegriff für die Überwältigung Deutschlands durch das NS-System. Sie erfasste bis zum September 1933 alle Bereiche des Lebens, auch den der Kultur, für den Dr. Goebbels zuständig war. Innerhalb seines Ministeriums für Volksaufklärung und Propaganda wurde am 22. September 1933 die Reichskulturkammer geschaffen, deren Zensur auch die satirischen Zeitschriften unterstanden.

Vor 1933 gab es mehrere satirische Zeitschriften in Deutschland, darunter DER WAHRE JAKOB, *die* satirische Zeitschrift der deutschen Sozialdemokratie, Beilage des VORWÄRTS , 1879 in Hamburg gegründet, von 1881 – 1884 verboten. 1923 wurde sie aus finanziellen Gründen eingestellt.
1927 wiedergegründet, zog sie den Hass der Nationalsozialisten auf sich. Im Bildband HITLER IN DER KARIKATUR DER WELT[41] (der im Kapitel „Bezweckter Humor“ ausführlich vorgestellt wird), ist auf S. 47 eine Karikatur aus DER WAHRE JAKOB vom 6. Juni 1931 (also noch eineinhalb Jahre vor der Machtergreifung!) zu sehen. Darauf wird Hitler als harmloser Mann in kurzen Hosen, Uniformhemd mit Hakenkreuzbinde und hakenkreuzverzierten Kniestrümpfen gezeigt. Unter dem Arm trägt er eine Guillotine in Kleinformat. Der dazugehörige Text:

---

[40] Sinhuber, Bartel F. (Hg.): WERNER FINCK / STICH-WORTE zum Vor-, Nach- und Zuschlagen. München/ Berlin 1982, S.70.

[41] Hanfstaengl, Ernst (Hg.): HITLER IN DER KARIKATUR DER WELT. TAT GEGEN TINTE. Ein Bildsammelwerk. Berlin, 19. September 1933.

Die verschiedensten Kreise fordern die Ausweisung Hitlers. Wir wenden uns mit Entschiedenheit gegen diese Forderung! Man kann unsere Beziehungen nicht dadurch schädigen wollen, dass man irgend einem Staat diesen Menschen aufhalst!

Auf S. 46 des Bildbandes, direkt gegenüber der Karikatur, wird die offizielle, sarkastische NS-Meinung zu diesem Bild bekannt gegeben:

Das heutige Deutschland hat allen Grund, denjenigen von Herzen zu danken, die dafür gesorgt haben, dass Hitler dem Vaterland erhalten geblieben ist.

Merkwürdig bleibt nur, warum diese vorsorglichen Vaterlandsfreunde ihrerseits Deutschland verlassen haben, nachdem „der Mann mit der Guillotine" an die Macht gekommen ist. Da das heutige Deutschland über die Abwanderung der Hitler-Gegner außerordentlich erfreut ist und diese doch offenbar annehmen, dass das Ausland sie sehr gern sieht, sollten sämtliche Teile über diesen Gang der Dinge nur zufrieden sein.

Auf S. 103 sieht man eine WAHRE-JAKOB-Karikatur, die bereits in die Zeit des Dritten Reiches fällt: 4. März 1933: Auf einem hakenkreuz-verzierten Stuhl windet sich Hitler schwitzend, während unter der Sitzfläche des Stuhles dicke, grinsende Herren mit Zylinder (offensichtlich Politiker der „November-Revolution" 1918, die ein demokratisches Staatssystem anstrebten) in einem Kessel ihr Süppchen kochen, dessen Dampf Hitlers Hintern unangenehm erhitzt.
Unterschrift:

Auch wenn man warm sitzt, sitzt man oft ungemütlich...!

Auf S. 102 der NS-Kommentar:

T i n t e: Das Bild will zum Ausdruck bringen, dass die Männer der November-Demokratie es Hitler unmöglich machen werden, seinen Kanzlersitz zu behaupten.

T a t s a c h e: Hitler sitzt heute fester denn je. Er hat die Aufgabe dieses Bildes durchaus gelöst, dass er diese November-Männer gleichfalls „zum Sitzen" brachte. Er sitzt damit bestimmt „gemütlicher" als diese.

Zum Erscheinungstermin dieses Buches gab es den WAHREN JAKOB nicht mehr. Er war schon kurz nach der Machtergreifung verboten worden.

Der Münchener SIMPLICISSIMUS, eine politisch-satirische Wochenzeitschrift mit internationalem Ruf, gegründet 1896 in München, konnte auch auf eine lange Tradition zurückblicken.
Obwohl auch er hauptsächlich vom Bürgertum gelesen wurde, versackte er doch nicht in Spießbürgerei, strammer Rechtsrichtung und Antisemitismus. In der Kaiserzeit und während der Weimarer Republik übte er scharfe Gesellschaftskritik in Deutschland und ließ sich auch nicht von militärisch-politischen Kreisen der hohen Politik einschüchtern.

In der Zeit des Nationalsozialismus war der SIMPLICISSIMUS, ab September 1933 gleichgeschaltet, wegen seiner linksliberalen, regierungskritischen Inhalte oft staatlicher Zensur ausgesetzt.[42]

Schon lange vor 1933 machte der SIMPLICISSIMUS Front gegen die Nationalsozialisten. Manche seiner Karikaturen aus dieser Zeit prangerte Hanfstaengl in HITLER IN DER KARIKATUR DER WELT an, versuchte sie lächerlich zu machen. Unter anderem die auf S. 21 vom 2. Januar 1928: Ein Mann in Lederhosen und Kniestrümpfen marschiert im Paradeschritt und spaltet sich dabei mit einer Axt selber den Schädel.
Unterschrift:

„Die Nationalsozialisten werden sich so oft spalten, bis Hitler allein übrig bleibt, und auch er wird sich spalten.“

Dazu der hohnvolle NS-Kommentar:

T i n t e: Der „Simplicissimus glaubte im Januar 1928 behaupten zu können, dass die NSDAP sich künftig so oft spalten werde, dass nur Hitler allein übrig bleibe.

T a t s a c h e: Die NSDAP hat sich zwar nicht gespalten, aber Hitler ist in der Tat allein übrig geblieben, wenn auch in ganz anderem Sinne: Denn neben Hitler gibt es heute in Deutschland überhaupt keine Parteien und Parteiführer mehr.

Der SIMPLICISSIMUS passte sich notgedrungen an, witzelte also – mit wenigen Ausnahmen – nur noch im Bereich des Erlaubten und schaffte es, bis 1944 weiter zu existieren.

Der KLADDERADATSCH, ein täglich erscheinendes Berliner Witzblatt, das schon seit 1848 existierte, hatte sich während der fast hundert Jahre seiner Existenz unter politischem Druck immer flexibel gezeigt und zog es auch während der NS-Zeit vor, gefügig zu sein. Nach links hatte er sich schon vorher abgeschottet, denn seine Leser, zum überwiegenden Teil Bürger und Kleinbürger, hielten Abstand zur Arbeiterschaft und deren Ideologen.
Der KLADDERADATSCH entsprang einer Revolution und endete im Nationalsozialismus. Dazwischen repräsentierte er die Entwicklung der bürgerlichen Gesellschaft in Deutschland. Anfangs wandte er sich oft karikierend gegen das nach rückwärts Gewandte des Spießbürgertums. Doch allmählich selbst in die Nähe des Spießbürgertums geratend, verlor er bald die satirische Schärfe und witzelte nur noch herum. Auch schon in den zwanziger Jahren bewegte sich der KLADDERADATSCH geradeaus auf die Herrschaft der Nazis zu, bereit, sich ihnen zu unterwerfen, ohne Widerstand zu bieten.[43]

---

[42] BROCKHAUS ENZYKLOPÄDIE in 24 Bd., 20. Aufl. Mannheim 1996-1999, Bd. 20, S. 237.
[43] Heinrich-Jost, Ingrid: KLADDERADATSCH. Die Geschichte eines Berliner Witzblattes von 1848 bis ins Dritte Reich. Köln 1982

Die Tendenz des Blattes ab 1933 war jedenfalls wie *vor* 1933: Rechtsgerichtet, schon seit den Zeiten Bismarcks antibritisch, antisemitisch (trotz jüdischer Gründer), reaktionär, gefügig bzw. anpassungsfähig. Zivilcourage war nicht die starke Seite seiner Redaktion.
Obwohl es Ausnahmen gab: z. B. Hans Reimann, Kabarettist und Satiriker, befreundet mit Tucholsky und Ossietzky, vor Hitlers Machtergreifung ständiger Mitarbeiter der „Weltbühne“, vor allem bekannt für seine Parodien, die er auf der Bühne vorführte und auch in Buchform veröffentlichte.[44]

In Nr. 11, am 12. März 1933, erscheint eine ganzseitige Karikatur im KLADDERADATSCH: Karl Marx, bärtig, sitzt breit auf einer Bank. Auf seinen Knien reiten zwei kleine Gestalten: Thomas und Heinrich Mann. Überschrift: Der Bauchredner und seine Puppen.[45]
Auch in der nach den ersten kriegerischen Erfolgen der deutschen Wehrmacht herausgebrachten NS-Karikaturensammlung GELÄCHTER ÜBER EINE ZERBROCHENE WELT[46] – sie wird ebenfalls in dem Kapitel „Bezweckter Humor“ ausführlich vorgestellt – wurden einige KLADDERADATSCH-Karikaturen aufgenommen. Z. B. auf S. 108 „Lieder ohne Worte“: Die hübsche Tänzerin mit englischem Stahlhelm und Papier-Ballettkleid aus bedruckten TIMES-Blättern beschaut sich im Spiegel. Da erscheint das Wort TIMES auf der Brust ihres Spiegelbildes natürlich in Spiegelschrift: SEMIT. Und das Spiegelbild selbst zeigt eine Jüdin.
Am 3. 9. 1933 schreitet Göring auf einer KLADDERADATSCH-Karika-tur in SA-Uniform mit Heil-Hitler-Grußarm an einer unterwürfig grüßenden Zuschauermenge von Hasen, Hunden, Schafen und anderem Getier vorbei. Im Hintergrund ein Schild mit der Aufschrift: VIVISEKTION VERBOTEN. GÖRING.
Diese wirklich gelungene, qualitativ hervorragende Karikatur enthält in den devoten Gesten und Blicken der Tiere und in der übergroßen Figur Görings eine Menge leiser Opposition gegen das herrschende Regime. Offensichtlich wurde es trotzdem nicht verboten, weil der Betrachter Görings Gesetz, das potentielle Labortiere vor einer Vivisektion schützte, als eine vom Volk lebhaft begrüßte Maßnahme der NS-Regierung aus der Zeichnung herauslesen konnte.

Der ULK war eine Beilage zum BERLINER TAGEBLATT wie auch zur BERLINER VOLKSZEITUNG. Beide Zeitschriften wurden in Berlin bei dem liberalen Pressekonzern Mosse publiziert. ULK wurde 1872 gegründet, geplant als Gegenstück zu den süddeutschen FLIEGENDEN BLÄTTERN. 1933 wurde das Blatt verboten. Das Hanfstaengl-Buch (S. 174) bezeichnet den Mosse-Verlag als „demokratisch-jüdisch“. Wahrscheinlich diente diese Behauptung, die ja während

---

[44] Heinrich-Jost, Ingrid: KLADDERADATSCH. Die Geschichte eines Berliner Witzblattes von 1848 bis ins Dritte Reich. Köln 1982, S.326f.
[45] Ebenda, S. 158.
[46] Jung, Hermann (Hg.): GELÄCHTER ÜBER EINE ZERBROCHENE WELT. Düsseldorf 1940.

der NS-Diktatur Vernichtung bedeutete – neben der grundsätzlichen Untersagung aller Kritik am NS-System – als Begründung für das Verbot.

1.3. POLITISCHES KABARETT

Politisches Kabarett, notwendiger und willkommener Bestandteil jeder gesunden Demokratie, hatte im Nazi-Deutschland einen schweren Stand. Darüber ist schon viel geschrieben worden. Für die Kabarettisten bedeutete ihr Programm eine tägliche Gratwanderung zwischen dem Applaus eines dankbaren Publikums, das nach einem Quantum kritischen Witzes lechzte, und der NS-Zensur. Sie riskierten dabei nicht nur den Verlust des Arbeitsplatzes, sondern sogar die Einweisung in ein KZ. Kritisch-politische Witze war also mit hoher Gefahr verbunden.
Dieses Risiko lockte allerdings manche Vollblutkabarettisten wie Weiß Ferdl in München und Werner Finck in Berlin, die Grenzen, die ihnen vom Propagandaminister Goebbels gesetzt wurden, auszureizen.

Weiß Ferdl, eigentlich Ferdinand Weisheitinger, Komiker, wurde bekannt durch seine humorvollen Lieder, die er vor allem auf der Münchener Volkskunstbühne „Platzl" vortrug. Mit dem NS-System arrangierte er sich pragmatisch. Zum Beispiel trat er in die Partei ein. Damit war er ein willkommenes Aushängeschild für die Behauptung, der Nationalsozialismus sei gegenüber politisch-kritischem Witz und Humor tolerant. In der Realität verhielt es sich wohl eher so, dass sich die Nazi-Funktionäre nicht trauten, ihn einzusperren, weil er in Bayern eine große Popularität genoss.
Viele Witze wurden ihm in den Mund gelegt, die gar nicht von ihm stammten, aber seinen Ruf als Kritiker des NS-Systems stärkten. Für ihn bedeuteten diese Witze eine permanente Gefahr. Dazu sagt er selbst im Vorwort seines sehr erfolgreichen Buches BAYRISCHE SCHMANKERLN:

> Alle diese Witze, die so anfangen „Weiß Ferdl kommt auf die Bühne - - " habe ich nie erzählt. Diejenigen, die solche Witze erzählen, haben mich wahrscheinlich noch nie gehört oder sind gedankenlose Maulhelden.
> Liebe Leser! Ihr würdet mir einen großen Gefallen erweisen, wenn ihr zu diesen Menschen, die mir dadurch nur schaden, sagen würdet: „So dumm ist der Weiß Ferdl nicht!" Wollen Sie so liebenswürdig sein?[47]

Aus dieser Bitte lässt sich ein Hinweis auf die damals herrschende und immer im Hintergrund lauernde Zensur erkennen.
Hier einige Texte, die nachweislich von ihm stammen und deutlich machen, wie weit sich ein Vertreter politisch-kritischen Humors vorwagen durfte, bevor die Zensur eingriff. Viel Bewegungsfreiheit wurde ihm nicht zugestanden!

---

[47] Weiß, Ferdl: BAYERISCHE SCHMANKERLN, gereicht von Weiß Ferdl. München 1941, S. 6.

VORSICHTIG
In einer Zeitung stand folgendes Inserat: „Gutsprechender Papagei entflogen. Lege Wert auf die Feststellung, dass ich seine politische Ansicht nicht teile.“[48]

Eines seiner Lieder hieß „Bel ami!“, dem populären Schlager aus den Zwanzigerjahren nachempfunden. Das Ende des Liedtextes hatte er folgendermaßen umgestaltet:

Du hast Schiss vorm Kommiss, bel ami,
so viel Schiss vorm Kommiss, bel ami,
Frauenliebling nur sein
ist zur Zeit gar nicht fein.
So ein Held ja gar niemand gefällt!

Kannst gut tanzen, doch's gibt keinen Ball,
meld dich lieber da drüben beim Westwall,
sei charmant und galant, bel ami, sonst holns di![49]

Bei dem neunstrophigen Lied „Gleichgeschaltet“, wobei die jeweils letzte Strophenzeile „Gleichgeschaltet, gleichgeschaltet“ heißt (eine Anspielung auf die NS-„Gleichschaltung“), lautet die siebte Strophe:

Will der Mann a Freundin halten
und nicht treu bleib'n seiner Alten.
Geht in Saft die deutsche Frau,
droht dem Gatten mit Dachau.
Zwanzig Jahr hast unverdrossen
meine Reize du genossen.
Dabei bleibt's, bist auch veraltet,
gleichgeschaltet, gleichgeschaltet.[50]

In der selben Weiß-Ferdl-Textsammlung stößt man auf eine Weiß-Ferdl-Variation des Liedes „Freut euch des Lebens“. Es heißt „Kraft durch Freude“. Die vorletzte der sechs Strophen (S. 87f.) lautet:

Freut euch des Lebens –
wir hab'n gesorgt, wenn du wirst einmal krank.
Wir hab'n die feinsten Bäder,
Kliniken all's, Gott sei Dank.
Du wirst kuriert, elektrisiert,
schön schlank massiert, auch operiert.
Ein Krematorium, gut geheizt,
hab'n wir auch, wenn dich das nicht reizt.
Freu dich, wir sorg'n auch fürs Jenseits,

---

[48] Weiß, Ferdl: BAYERISCHE SCHMANKERLN, gereicht von Weiß Ferdl. München 1941, S. 25.
[49] Weiß, Ferdl: „ES WIRD BESSER“, sagt Weiß Ferdl. Das neue lustige Weiß-Ferdl-Buch, München 1941 (eine Auflage von 100 000!), S. 9.
[50] Weiß, Ferdl: BAYERISCHE SCHMANKERLN, gereicht von Weiß Ferdl. München 1941, S. 37.

besorgen dir Plätze gleich auf der Stell.
Du brauchst nur sag'n, wo du hin willst.
In Himmel oder lieber in d'Höll!

Weiß Ferdl verhielt sich so klug und vorsichtig, dass er bis zum Ende der NS-Zeit nicht belangt wurde.

Werner Finck dagegen riskierte manchmal zu viel. Im Herbst 1932 konnte er noch risikolos in der Öffentlichkeit verkünden:

...Die Sonne scheint noch immer froh,
doch sieh dich vor: Es scheint nur so,
das sind noch Restbestände.
Nein, nein, der Sommer ist vorbei
und Feld und Fluren werden frei
für uns're Wehrverbände.
Wie schnell das ging! Ja, die Natur!
Glaubt nicht, dass eine Diktatur
mal ähnlich schnell verschwände![51]

Nach der Machtübernahme Hitlers wurde es für Finck gefährlich. Wegen seines „Katakomben"-Programms wurde er oft verwarnt. In seiner bekannten literarischen Rückschau ALTER NARR, WAS NUN? nennt er seine damaligen Programmtext-Zusammenstellungen

Balance-Akte auf dem dünnen Drahtseil des Wortspiels, das von keinem Netz abgesichert war.[52]

Hier ein frecher und für ihn typischer Text, der nach Meinung der NS-Zensur die erlaubte Grenze überschritt und deshalb auf deren Geheiß aus dem Programm entfernt werden musste:

ES WEHT EIN FRISCHER WIND, ZWEI, DREI
Es weht ein frischer Wind, zwei, drei,
wir wollen wieder lachen,
gebt dem Humor die Straße frei,
jetzt muss auch der erwachen.

Der Löwe ist das Tier der Zeit,
der Mars regiert die Stunde;
Doch die geliebte Heiterkeit
geht langsam vor die Hunde.

Das aber soll dem Teufel nicht
und keiner Macht gelingen,
uns um das inn're Gleichgewicht
und um den Spaß zu bringen.

---

[51] Finck, Werner: ALTER NARR – WAS NUN? Die Geschichte meiner Zeit. München 1972, TB-Ausgabe München 1975, S. 55.
[52] Ebenda, S. 60.

Drum lasst des Zwerchfells Grundgewalt
am Trommelfell erklingen.
Wem das nicht passt, der soll uns halt
am Götz von Berlichingen.[53]

Finck wusste nie, wie die Zensur reagieren würde. Ob sie sich kleinlich zeigen oder einige Doppelsinnigkeiten durchgehen lassen würde.

Dieses versteckt anzügliche Gedicht wurde erlaubt:

GANG DURCH DIE KUHHERDE
Nächtlich auf der dunklen Weide
Grasen viele große Kühe,
Kauen,
Schauen,
Tun mir nichts zuleide,
Während ich mich durch sie durch bemühe.

Wenn sie wollten, könnten sie mich überrennen.
Doch sie werden nicht dran denken,
Da sie
Quasi
Gar kein Denken kennen.
Außerdem sind sie nicht abzulenken.

Und so geh ich lautlos durch die Herde
Auf dem Gras, daran sie kauen,
Eilig,
Weil ich
Plötzlich bange werde,
Dass sie meine schwache Position durchschauen.[54]

Dieser Sketch erregte Anstoß:

DAS FRAGMENT VOM SCHNEIDER
Ein Kunde (Werner Finck) kommt zum Schneider (Ivo Veit)
Schneider: Womit kann ich dienen?
Kunde *beiseite:* Spricht der auch schon vom Dienen!
Laut: Ich möchte einen Anzug haben...
Vielsagende Pause. Dann nachdenklich:
Weil mir etwas im Anzug zu sein scheint.
Schneider: Schön.
Kunde: Ob das schön ist – na, ich weiß nicht.
Schneider: *ein wenig ungeduldig:* Was soll's denn nun sein? Ich habe neuerdings eine ganze Menge auf Lager.
Kunde: Aufs Lager wird ja alles hinauslaufen.
Schneider: Soll's was Einheitliches oder was Gemustertes sein?

---

[53] Ebenda, S. 57f.
[54] Finck, Werner: ALTER NARR, WAS NUN? Die Geschichte unserer Zeit. München 1972, TB-Ausgabe München 1975, S.62.

Kunde: Einheitliches hat man jetzt schon genug. Aber auf keinen Fall Musterung!
Schneider: Vielleicht etwas mit Streifen?
Kunde: Die Streifen kommen von alleine, wenn die Musterung vorbei ist. *Resigniert:* An den Hosen wird sich ein Streifen nicht vermeiden lassen...
Schneider: Fangen wir erst mal mit der Jacke an. Wie wäre es denn mit Winkel und Aufschlägen?
Kunde: Ach, Sie meinen eine Zwangsjacke.
Schneider: Wie man's nimmt. Einreihig oder zweireihig?
Kunde: Das ist mir gleich. Nur nicht diesreihig!
(Das klang wie „Dies Reich")
Schneider: Wie wünschen Sie die Revers?
Kunde: Recht breit, damit ein bisschen was draufgeht. Vielleicht gehen wir alle mal drauf. Der Kronprinz hat ja gesagt: Immer feste druff!
Schneider: Dann darf ich vielleicht einmal Maß nehmen?
Kunde: Doch, doch, das sind wir gewöhnt.
Der Kunde nimmt Haltung an, der Schneider stellt sich mit dem Zentimetermaß neben ihn. Er nimmt Maß, während der Kunde die Hände stramm an die Hosennaht legt.
Schneider *auf das Maßband schauend:* 14 /18 – ach bitte, stehen Sie doch einmal gerade.
Kunde: Für wen?
Schneider: Und jetzt bitte den rechten Arm hoch – mit geschlossener Faust....18 / 19. Und jetzt mit ausgestrecker Hand... 33 ...Ja, warum nehmen Sie denn den Arm nicht herunter? Was soll denn das heißen?
Kunde: Aufgehobene Rechte...[55]

Von Mai bis Juli 1935 wurde Finck sogar gezwungen, sich als Sträfling im KZ Esterwegen (dicht an der holländischen Grenze) aufzuhalten, wo er u. a. Carl von Ossietzky und Julius Leber begegnete.
Nach seiner Entlassung bekam er ein Jahr Berufsverbot, wurde aber im Gerichtsverfahren freigesprochen, nachdem er dem Richter seinen Sketch, um den es ging, hatte vorspielen müssen.

In der Zeit vor und während der Olympischen Spiele 1936 machte sich eine gewisse Liberalisierung bemerkbar. Auch Finck durfte unter bestimmten Auflagen wieder schreiben und auftreten. 1938 veröffentlichte er sein KAUTSCHBREVIER. Aber im Jahr 1939 scheint er von neuem die Grenze vom NS-Erlaubten zum NS-Unerlaubten überschritten zu haben. Jedenfalls wurde er aus der Reichskulturkammer ausgeschlossen.
Da in der NS-Zeit jeder Künstler Mitglied eines Kunstbereichs innerhalb der Kulturkammer sein musste, um in der Öffentlichkeit wirken zu dürfen, bedeutete dieser Ausschluss für Werner Finck sowohl für seine kabarettistische wie auch schriftstellerische Tätigkeit das Ende. Er meldete sich freiwillig zum Dienst in der Wehrmacht.

---

[55] Finck, Werner: ALTER NARR, WAS NUN? Die Geschichte meiner Zeit. München 1972, TB-Ausgabe München 1975, S. 61f.

Diese beiden Kabarettisten, Weiß Ferdl und Werner Finck, sollen hier stellvertretend für alle anderen zwischen 1933 und 1945 in diesem Bereich tätigen deutschen Humoristen genannt sein.

In Österreich, wo alle politischen Kabaretts nach dem Einmarsch Hitlers und dem Anschluss der „Ostmark“ an das Deutsche Reich (1938) schließen mussten, gab es das Kabarett WIENER WERKEL, das im Januar 1939 im ehemaligen MOULIN ROUGE im Auftrag des Gaupropaganda-Amtes eröffnet wurde.
Aber nur „arische“ Mitwirkende der ehemaligen Kleinkunstbühne LITERATUR AM NASCHMARKT wurden eingestellt.[56] Dieses Team versuchte die Kritik am System fortzusetzen. Ein Beispiel:

INTERVIEW MIT EINER KUH von Fritz Feldner
(Auf der Bühne die Attrappe einer Kuh, Fragesteller eilig herein.)
Fräulein Muhdl, aufgepasst,
jetzt wird auch die Kuh erfasst,
denn es gibt in diesem Jahr
auch für Sie manch Formular.
Und so kommt der Schütz gezogen
(zückt Block und Schreibstift) mit dem Pfeil und Fragebogen:
Sind Sie arisch? Sind Sie g'scheckert?
Hat da irgendwer gemeckert...?
Ja! Es war die schwarze Gaß!
Was verbrauchen Sie an Gras?
Fressen Sie auch Haferkörner?
Trägt der Ehegatte Hörner?
Wer betreut das Hufe-Schneiden?
Gehen Sie im Sommer weiden?
a) bei Sonne? b) bei Wolken?
Wird zur rechten Zeit gemolken?
Kämpfen Sie mit ganzer Kraft
für die NS-Rinderschaft?
Ja, das einzig wirklich Wahre
von der Wiege bis zur Bahre:
Formulare! Formulare!
Formulare! Formulare!
Kuh: Muuuuuh...!

Noch zwei Strophen folgen. In der dritten Strophe erscheint diese Passage:

...Führen Sie genaue Listen,
wo und wann und wie Sie misten?
Sind die Fladen wohlgeformt,
gleichgeschaltet und genormt?
Treibt man, nebst der Ehebande,
pflichtvergessen Rassenschande?
Wünschen Sie sich aufzunorden?
Wann sind Sie Mama geworden?

---

[56] Kirnbauer, Franz (Hg.): KABARETT IN ÖSTERREICH 1906-2003. Graz 2003.

Zum Schluss tritt die Kuhmagd auf, sieht dem enteilenden Reporter entgeistert nach:

Wie der auf mei Kuah schaut,
was der ihr all's zuatraut,
das geht auf ka Kuahhaut![57]

Trotz mehrmaliger Eingriffe der zuständigen NS-Zensurbehörden konnte sich das WIENER WERKEL fast bis zum Ende der Hitlerdiktatur halten – bis Herbst 1944, als alle Theater geschlossen wurden.

Wie ein *NS-konformer* Kabarettist seine Texte gestaltete (Kurt Wallner), hier vor der Filmkamera, hört sich so an:

Um mal wieder über die Musik zu sprechen: Ich freue mich eigentlich, dass es heute alles so wunderbar im Takt geht, nicht wahr? Wenn es auch hier und da immer mal so etliche Querpfeifer bei uns gibt – und vielleicht auch mal solche, die gern einmal wieder die Zentrummel rühren möchten, sogenannte Devisenmusikanten –, ach, da machen wir wenig Federlesen, die kommen zu ihrer weiteren Ausbildung in ein Konzertlager, wo man ihnen dann so lange die Flötentöne beibringt, bis sie sich an eine taktvolle Mitarbeit gewöhnt haben.[58]

1.4. FLÜSTERWITZE

Sammlungen von Flüsterwitzen aus der Zeit zwischen 1933 und 1945 wurden schon bald nach dem Ende des Hitler-Regimes veröffentlicht. Ohne Probleme bekamen die Herausgeber solcher Sammlungen wie auch die dazugehörigen Verleger die von den zuständigen Stellen der Besatzungsbehörden zur Veröffentlichung nötige Genehmigung.
Es gab und gibt eine ganze Anzahl solcher Sammlungen. Schon während der NS-Zeit entstanden die ersten, aber zusammengestellt von Deutschen im Exil. Dazu gehörte z.B. der sozialistische Schauspieler, Rezitator und Autor Ernst Friedrich, Freund von Erich Mühsam. Er flüchtete Ende 1933 ins Exil nach Prag und veröffentlichte dort im Jahr 1934 die Flüsterwitz-Sammlung MAN FLÜSTERT IN DEUTSCHLAND.

Auch in Österreich wurden Flüsterwitze gesammelt. Dr. Franz Danimann, ein Österreicher, begann damit gleich nach seiner Rückkehr aus dem KZ Auschwitz. Deshalb ist seine Sammlung[59] österreichisch gefärbt. Das heißt, in einigen der Flüsterwitze wehrten sich Österreicher gegen die von ihnen als unangenehm empfundene Mentalität der Preußen, die mit den Nazis oft gleichgesetzt wurden.

---

[57] Kirnbauer, Franz (Hg.): KABARETT IN ÖSTERREICH 1906 bis 2003. Graz 2003, S. 29.
[58] Wiener, Ralf: GEFÄHRLICHES LACHEN. Schwarzer Humor im Dritten Reich. Hamburg 1994, S. 37.
[59] Reiter, Franz Richard (Hg.): FRANZ DANIMANN: FLÜSTERWITZE UND SPOTT-GEDICHTE UNTERM HAKENKREUZ. Dokumente – Berichte – Analysen. Wien 1983, Neuauflage 2001.

Sie empfanden diese „Piefkes“ als arrogant, besserwisserisch, ordnungsfanatisch, pflichtversessen, ungemütlich, humorlos.

Es ist unglaublich, wie viele Flüsterwitze in Deutschland zwischen 1933 und 1945 entstanden und in Umlauf gebracht wurden. Aber auch populäre Aussprüche, Gedichte und Lieder wurden im Sinn heimlicher politischer Opposition umgeformt. Ein Beispiel:

ZEHN KLEINE MECKERLEIN
Zehn kleine Meckerlein, die saßen einst beim Wein.
Der eine ahmte Goebbels nach, da waren es nur noch neun.

Neun kleine Meckerlein, die habn sich was gedacht.
Der eine hat es laut gedacht, da waren's nur noch acht.

Acht kleine Meckerlein, die hatten was geschrieben.
Bei einem ist es rausgekommen, da waren's nur noch sieben.

Sieben kleine Meckerlein, die fragte man: „Wie schmeckt's?“
Das eine sagte: „Schweinefraß!“, da waren's nur noch sechs.

Sechs kleine Meckerlein, die trafen einen Pimpf.
Der eine sagte: „Lausejung'!“, da waren's nur noch fünf.

Fünf kleine Meckerlein, die saßen am Klavier.
Eines spielte Mendelssohn, da waren's nur noch vier.

Vier kleine Meckerlein, die sprachen über Ley.
Der eine sagte: „Immer blau“, da waren's nur noch drei.

Drei kleine Meckerlein, die hörten Radio.
Eines stellte Moskau ein, da waren's nur noch zwo.

Zwei kleine Meckerlein, die glaubten, 's hört sie keiner.
Der eine hat 'nen Witz erzählt, da war es nur noch einer.

Ein kleines Meckerlein ließ diese Verse sehn.
Da sperrt man es in Dachau ein, und jetzt sind's wieder zehn.[60]

Diese Anlehnung an ein bekanntes Kinderlied kursierte während der Hitlerzeit in unzähligen Abwandlungen. Die hier angeführte Variante ist eine hinsichtlich der Sicherheit des Flüsterers sehr gefährliche.

Nicht alle Flüsterwitze waren unerwünscht und damit verboten. Ein Beispiel aus der Sammlung DER FLÜSTERWITZ IM DRITTEN REICH:

---

[60] Reiter, Franz Richard (Hg.): FRANZ DANIMANN: FLÜSTERWITZE UND SPOTTGEDICHTE UNTERM HAKENKREUZ. Dokumente – Berichte – Analysen. Wien 1983 Neuauflage 2001, S. 72f.

Wer ist der fähigste Elektriker? – Hitler! Er hat Russland ausgeschaltet, Italien parallel geschaltet, England isoliert, Röhm geerdet, die ganze Welt unter Hochspannung gesetzt und noch keinen Kurzschluss gemacht.[61]

Wegen dem Weiterflüstern dieses Witzes wäre der Flüsterer, hätte ihn jemand verraten, wahrscheinlich nicht in Schwierigkeiten geraten, denn Hitler wurde hier ja positiv gezeigt.
Auch wer „Röhm-Witze" nach Röhms Ermordung erzählte, riskierte nichts.
(Zur Erinnerung: SA-Stabschef Röhm, also oberster Chef der SA, war ein Duzfreund Hitlers. Als die SA immer mehr anwuchs und an Macht zunahm, fühlte sich Hitler durch sie bedrängt, witterte Gefahr für seine eigene Macht. Deshalb ließ er Röhm und viele seiner Funktionäre und Sympathisanten liquidieren und das Blutbad vom 3.7.1934 als „Staatsnotwehr" gesetzlich für rechtens erklären.[62])

Schon vor Röhms Tod, als der SA-Stabschef noch auf der Höhe seiner Macht war, kursierten Röhm-Witze, die sich um seine Homosexualität drehten. Ein Beispiel:

Seitdem Hitler in seinen zwölf Punkten öffentlich über die in den Reihen der SA eingerissenen Perversitäten klagte, versteht das Volk erst, was Stabschef Röhm in seiner Rede an die Jugend so anschaulich darstellte: In jedem Hitlerjungen steckt ein SA-Führer.[63]

Das Weitergeben solcher Witze ist gewiss geahndet worden, sofern man die „Flüsterer" zu fassen bekam. Denn aus NS-Sicht war Homosexualität etwas überaus Schimpfliches und Ehrverletzendes, dem Hohn und Verachtung gebührte. Kritik des Volkes durfte ja nicht den Ruf der NS-Organisationen beschädigen!
Anders stand es mit den Röhm-Witzen, die erzählt wurden, *nachdem* der SA-Stabschef ermordet und somit in Ungnade gefallen war.
Ein Beispiel:

Zwei Frauen unterhalten sich in der Straßenbahn über die Erschießung Röhms.
„Schade um den Mann", sagte die eine. „Er hatte so gute Absichten."
„Wieso gute Absichten?"
„Nun, er wollte doch ab morgen von vorne anfangen." [64]

Mit einem Witz dieser Art riskierte niemand eine Strafe.
Nachdem Rudolf Hess, der Stellvertreter des Führers, am 10. 05. 1941, ohne seine Aktion mit Hitler abgesprochen zu haben, von seinem Wohnort Augsburg nach England geflogen war, um mit Lord Hamilton Frieden auszuhandeln, erklärte die offizielle NS-Presse dem Volk diesen Vorgang damit, dass Hess in geistiger

---

[61] Gamm, Hans-Jochen: DER FLÜSTERWITZ IM DRITTEN REICH. München 1963, S. 107.
[62] Bedürftig, Friedemann: LEXIKON DRITTES REICH. Hamburg 1994, TB-Ausgabe München 1997, S. 298.
[63] Herzog, Rudolf: HEIL HITLER, DAS SCHWEIN IST TOT. Lachen unter Hitler. Komik und Humor im Dritten Reich. Frankfurt/M 2006, S. 186.
[64] Gamm, Hans-Jochen: DER FLÜSTERWITZ IM DRITTEN REICH. München 1963, S.74.

Verwirrung gehandelt habe. Die Flüsterwitze, die nun aufkamen, waren zum Teil aus der Sicht des NS-Systems harmlos.
Der überwiegende Teil aber erwies sich als systemfeindlich.
Beispiel 1:

Der Führer hat Zarah Leander dienstverpflichtet und an den Kanal geschickt."
„Wozu?"
„Sie muss täglich dreimal singen: ‚Komm zurück, ich warte auf dich...' " [65]

Augsburg heißt jetzt „Stadt des Aufstiegs."
Augsburg heißt jetzt „Hessfort".
Schottland wird jetzt umgetauft in „Hessenwinkel".[66]

Beispiel 2:

Hess hat an den Führer ein Telegramm geschickt: „Adolf, pack ein – sonst packe ich aus!" [67]

Hess wird auch Churchill vorgestellt, der ihn fragt: „Also Sie sind der ‚Verrückte'!"
„Nein", erwidert Hess, „ich bin nur der Stellvertreter." [68]

Die wenigen Beispiele sollen genügen. Denn wie schon erwähnt, gehören die Flüsterwitze nicht zum Thema der vorliegenden Arbeit, zumal schon ausgiebige Literatur über sie vorliegt. Nur einige kleine Untergruppen lassen sich, wie eben dargelegt, in den Bereich des in der NS-Zeit *erlaubten* Humors einordnen.

2. Erlaubter Humor

2.1. WITZIGES FÜR JEDERMANN IN WORT UND BILD

Es fehlte in der NS-Zeit nicht an Witzen. Schon im Kapitel „Spielarten des Humors" wurde auf die verschiedenen Sorten wie Graf-Bobby-, Klein Erna-, Tünnes und Scheel-, Soldaten- und Idiotenwitze hingewiesen. Dazu kommen die beliebten Anekdoten.
Ein Beispiel aus der Kategorie der Hamburger „Klein-Erna-Witze", die es schon lange vor der NS-Zeit gab:

Klein Erna steht mit ihre Freundin vor'n Schokoladenladen. Klein Erna sagt: „Wenn die Schokoladenpuppen zehn Pfennig kosten, kauf ich mich eine, ich frag mal."
Sie geht rein und sagt: „Was kosten die klein Schokoladenpuppen?"
Sagt die Tante: „Zehn Pfennig, mein Kind."
„Dann geben Sie mich man eine", sagt Klein Erna.
„Ja, möchts du wohl'n klein Schokoladenjung, oder'n Mädchen?"
„Ach, denn geben Sie mich man ein Jung, da is mehr an!"[69]

---

[65] Hirche, Kurt: DER BRAUNE UND DER ROTE WITZ. Düsseldorf / Wien 1964, S.155.
[66] Ebenda, S. 155.
[67] Ebenda., S. 154.
[68] Ebenda, S. 156.

Hier auch ein Beispiel für die „Berliner Witze“, die schon ab 1848 im „Kladderadatsch“ erschienen:

DOCH KLAR
„Wenn ich hier langgehe, guter Mann, liegt da der Dönhoffplatz?“
„Der liegt ooch da, wenn se *nich* langjehn!“ [70]

In jeder Zeitung, jeder Rundfunkprogramm-Zeitschrift, jeder Illustrierten erschienen Witze, oft illustriert, daneben Anekdoten und andere heitere Texte. Auch der Kriegsbeginn vermochte diese heiteren Kurztexte nicht zu verbannen, ja vorerst nicht einmal zu reduzieren.

Ein paar Kostproben aus der Rundfunkprogrammzeitschrift HIER BERLIN, Nr. 51, Programm vom Sonntag, 19. Dezember bis Sonnabend, 25. Dezember 1937. Dieses Heft enthält das Weihnachtsprogramm.
Die ganze Rückseite gehört dem Witz unter der Überschrift DA HABEN WIR DIE BESCHERUNG! Darunter ein „Weihnachtsbilderbogen von Wilmar Riegenring“.

1. Witz: Auf der Zeichnung unter dem Weihnachtsbaum ein „gestandener“ Mann mit Indianerschmuck auf einem Schaukelpferd Ein kleiner Junge richtet sein Gewehr auf ihn. Ein männlicher Besucher tippt dem Indianer auf die Schulter:

„Du, Kleiner, ich möchte gern deinen Pappi sprechen.“
„Der bin ich selber. Was wünschen Sie?“

Daneben und darunter drei illustrierte Witze ähnlicher Qualität. Außerdem befindet sich auf der selben Seite noch ein Gedicht, das von einem kek stammt:

DER WEIHNACHTSABEND
Die Mutter flicht der neuen Puppe Zöpfe,
Das ist am Weihnachtsabend so der Brauch.
Stellt auf den Puppenherd die Puppentöpfe –
Die Jüngste >kocht<, und Mutter kocht halt auch!

Nicht minder wandelt auf der Kindheit Pfaden
Die gute Tante, denn so muss es sein:
Sie spielt Verkauf mit Bubis Kaufmannsladen
Und nimmt für Plätzchen blankes Blechgeld ein.

Und Großpapa – ei, seht den alten Knaben! –
Auch er in längst vergangner Zeiten Bann –
Hat sich in Bubis Märchenbuch vergraben
und sieht begeistert jedes Bild sich an.

---

[69] Möller, Vera (Hg.): KLEIN ERNA. Ganz dumme Hamburger Geschichten Bd. 1.Hamburg 1950, S. 18f.
[70] Ostwald, Hans: DER URBERLINER. Berlin o. J., S. 218.

In den nächsten beiden Strophen baut der Onkel mit Klötzen, der Vater spielt mit Bubis Eisenbahn. Die sechste und letzte Strophe lautet:

So sinkt alljährlich auf die Großen nieder
Auf's neu' der fernen Kindheit holder Traum.
Die Zeit steht still. Wir alle spielen wieder.
Das ist der Zauber unterm Weihnachtsbaum.

HIER BERLIN im Januar 1938 [71], also ein Jahr später. Die letzte Seite steht unter der Überschrift „Männer im Winter". Die 5 Illustrationen, die je ein komisches Schnee- bzw. Eis-Abenteuer eines Mannes darstellen, haben die Titel: „Der Schadenfrohe", „Der Vorsichtige", Der Gemütvolle", „Der Übermütige" und „Der Unbeständige".
Harmlos das alles, und sehr mäßig witzig. Qualitativ noch am besten ist auf dieser Seite wieder ein Gedicht von kek:

Ob's nun zu tadeln, ob zu loben –
Durch die Physik ist es belegt,
Dass sich die Flüssigkeit von oben
Im Winter kristallinisch niederschlägt.

Verschieden, je nach Lust und Meinung,
Verhält der Mensch, als ihr Objekt,
Sich gegenüber der Erscheinung,
Indem er ihren tieferen Sinn entdeckt.

Teils wärmt er fluchend sich durch Kohlen,
Wobei er auch noch Weinbrand lutscht –,
Teils schnallt er sich was an die Sohlen,
Worauf er kühnlich gleitend abwärts rutscht.

Ist dieser Kunst er nicht gewachsen,
Bemerkt man heiter, dass er fällt,
Indem die eine seiner Haxen
Sich tückisch plötzlich quer zur andern stellt.

Kurzum, der weiß zerstäubte Segen
Scheint sichtlich Mann und Weib und Kind
Zu Unternehmen anzuregen,
Die, kühl betrachtet, ziemlich zwecklos sind.

Ist dies dem Weisen nicht sympathisch,
So hat er dennoch klar erfasst:
Das ganze Treiben ist klimatisch
Dem Tatbestande durchaus angepasst!

---

[71] HIER BERLIN, Nr. 3, Sonntag, 16. Januar bis Sonnabend, 22. Januar, Berlin 1938, S.32 (letzte Seite).

Ab Kriegsbeginn wird die Radioprogramm-Zeitschrift dünner. Kein Wunder, jetzt fehlt ja das Programm der ausländischen Sender. Aber die Witzseite bleibt. Auch die Gedichte von kek bleiben, nur werden sie jetzt oft in Reimpaaren unter die jeweils 5 – 6 Illustrationen verteilt. Und die Themen sind dem Alltagsgeschehen angepasst. Das heißt, jetzt ist vom Soldatenleben und von heiteren Kriegssituationen (z.B. dem Mangel an echten Kaffeebohnen ‚Südfrüchten oder Heizmaterial) die Rede. Aber nie von politischen Themen, von denen sich die NS-Diktatur angegriffen fühlen könnte.

Die Wochenillustrierte ERIKA, „die frohe Zeitung für Front und Heimat mit Bildern, Rätseln, Denksport und Humor", sorgt für Aufheiterung von Front und Heimat. Beispiel Nr. 3, Januar 1940:
Die ganze Zeitschrift umfasst 16 Seiten. Die Vorderseite zeigt das Foto eines schlittschuhfahrenden Mädchens.

S. 2 und 3 Fotos: „Das Gesicht des deutschen Frontsoldaten", Vergleich Erster und Zweiter Weltkrieg.

S. 4 und 5: sieben Schlittschuh-Fotos unter dem Motto „Winter, Spaß und Schönheit".

S. 6 und 7: „Varieté und Theater in Berlin". 14 Fotos mit Kommentaren.

S. 8, 9 und 10: „Kollermann räumt auf". Hierbei handelt es sich um einen „heiteren Roman" von Heinz Oskar Wuttig.

Auf S. 10 außerdem noch eine 4-teilige Witzzeichnung von Möllendorf: „Der erkaltete Liebhaber". Ein Mann wartet mit einem Blumenstrauß so lange vergeblich im Schnee auf seine Dame, bis er die Geduld verliert, einen Schneemann hinbaut und ihm den Blumenstrauß in die Hand gibt, bevor er weggeht.

S. 11: „Mit Pauken und Trompeten. Durch 3000 Jahre Vorgeschichte der Militärmusik."

S. 12: Sieben illustrierte Witze unter der Überschrift „Amazonen führen Krieg." Sie stammen von einem Zeichner der italienischen Zeitschrift MARC AURELIO.

S. 13: Rätsel und Denksport.

S. 14: Fünf Fotos zum Thema „Flak macht Flax". Programm für einen Kameradschaftsabend.

S. 15: Rätsel-Auflösungen und Anzeigen / Inserate.

S. 16: „Erikas Lachkabinett“. Sieben illustrierte Witze. Zwei von ihnen stammen – laut Notiz – aus den USA, zwei aus der italienischen Zeitschrift MARC AURELIO.
Einer der deutschen Witze: Ein Luftschutzwart kommt vor die Himmelstür, wo Petrus ihn empfängt. Der Luftschutzwart zeigt auf dessen Heiligenschein: „Lassen Sie sich von einem erfahrenen Luftschutzwart sagen, dass der Heiligenschein verdunkelt werden muss!“

Heiterkeit rundherum, auch bei den Soldaten. Der zusätzliche Schuss Erotik im Witz, (obwohl immer noch im Rahmen der damaligen strengeren Moral!), z. B. in Wort und Bild der Amazonen-Witze, lässt sich als Zugeständnis an die besondere Lage der Männer an der Front erklären.

Nun sei noch ein Blick in die vom Format her um die Hälfte kleinere, aber umfangreichere Zeitschrift DAS MAGAZIN geworfen (Nr. 178, Juni 1939, Erscheinungsort Berlin): Sie wird – bis zum Kriegsbeginn – auch in Frankreich und England vertrieben. Es handelt sich hierbei um eine Monatszeitschrift. Sie umfasst hundert Seiten Inhalt. Davon lassen sich in die Rubrik Humor einordnen:

Drei Seiten „Petri Segen“: eine heitere Foto-Geschichte zu den Reimen

Ein Angler angelt voller Ruh.
Sein Strohhut sieht ihm dabei zu.

Doch plötzlich ruckt es an der Leine,
Der Angler spring auf beide Beine!

„Potz Petri!“ ruft er sportbeflissen,
„Mir scheint, es hat was angebissen!“

Er fasst sich schnell und gibt galant
Dem kuriosen Fisch die Hand.

Schon zappelt „sie“ am Rand des Stegs,
Den Angler stört das keineswegs.

Kühn schreitet er zur „Zwangsvollstreckung“,
Der Strohhut dient dabei als Deckung.

Zum Schluss sieht man zwei Liebesleute:
Den Anglersmann und seine Beute.

Drei ganzseitige Witzzeichnungen:
„Die abgelehnte Reklameidee“,
„Bel ami! Wie sich ein Schwerenöter das Fensterln vorstellt“,
„Wir brauchen für unseren neuen Film ein Baby, Fräulein Richter... Sehen Sie zu, was Sie machen können“.

Zwei ganzseitige heitere Fotos: Unter der Überschrift „Duett" stehen zwei Pinguine zwei Herren in Frack und Zylinder gegenüber.

Eine ganzseitige heitere Erzählung: „Blumen an Bord" von Hans Riebau.

Eine ganzseitige heitere Erzählung: „Doktor Kellings Nachtgespenst" von Peter Marius Zell.

Eine ganzseitige heitere Zeichnung: „Die Entenfarm". (Ein Affe will „seine" Ente mit Bananen füttern, aber sie wirft nur einen traurigen Blick auf dieses Futter.)

Drei Seiten „Der Magazin-Engel hört und sieht": Sechs Berichte über heiter-komische Vorkommnisse in der Welt.

Eine dreiseitige heitere Kurzgeschichte „Die Wette des Mister Brooks" von Hermann Turowski.

Eine zweiseitige Witzgeschichte: „Pucks VII. Abenteuer. Es ist erreicht oder Die Umwege des schönen Puck".
(Eine Dame in Kleid und Hut lenkt einen Pferdewagen, wird verfolgt von dem als Bär verkleideten Puck. Sie wirft ein Kleidungsstück nach dem anderen hinter sich, um den Bären abzuschütteln. Schließlich sitzt sie nackt auf dem Wagen, und Puck, der sich an ihn gehängt hat, schält sich nun feixend aus dem Kostüm.)

Eine ganzseitige heitere Erzählung „Die Erfindung" von G. Freiherr v. Berg.

Zwei ganzseitige heitere Fotos mit dem Gedicht (von K.):

SO ODER SO?
Der eine rast im Rennboot durch die Wellen,
Gischt überm Bord.
Die Fortbewegung rechnet zu den schnellen
und nennt sich – Sport.

Der andere liegt faul und sehr behaglich
im stillen Boot.
Ob er vom Fleck kommt, ist zwar mehr als fraglich,
doch: Tut das not?

So oder so? – Ich frag': Wer von den beiden
hat mehr Pläsir?
Ich bin zu faul, um selber zu entscheiden...
Und was meint ihr?

Zwei Seiten heitere Fotos (Kind reitet auf Schildkröte, Schmetterling sitzt auf Frosch, provisorische Toilettenhäuschen im Geröll des Nordcaps, im Hintergrund ein sehr bescheidenes „Nordcap-Café").

Eine halbe Seite Anekdoten, die von Gogol und Napoleon handeln und in der Gegenwart nur müdes Kopfschütteln auslösen würden, weil man sie nicht als humorvoll empfände.

Insgesamt gehören also von diesen hundert Seiten des MAGAZINs zwanzigeinhalb dem Humor, wobei zu bemerken ist, dass auch manche der übrigen Beiträge einen humoristischen Einschlag aufweisen. Eine gemütsaufhellende Tendenz zeigt das gesamte Heft. So auch die achtseitige Geschichte des Hotels Sacher in Wien oder die zahlreichen Fotos von jungen Damen, oft in Badeanzügen.
Aber Kritik am NS-System? Nirgends auch nur eine Andeutung davon. Noch nicht einmal eine heitere!
Gegen die Art von Humor, die diese Hefte enthielten, hatte die NS-Diktatur natürlich nichts einzuwenden.

Hier eine Skurrilität: Auch die Temmler-Werke (Vereinigte Chemische Fabriken Berlin-Johannisthal) verbreiteten (erlaubten) Humor und heitere Lebensweisheiten als Werbegeschenk: in Form eines Ärzte-Abreißkalenders.
Am unteren Rand jedes Kalenderblattes wird Reklame für die bei Temmler produzierten Medikamente gemacht. Ein werbungsfreies Vorblatt beginnt mit „Unserem Temmler". Ihm, wer immer es sein mag (der Besitzer der Werke?), ist ein siebenstrophiges Gedicht von „Martirivus") gewidmet. Die beiden letzten Strophen lauten:

Oft beim Wandern über Stiegen
und an manchen Krankenbetten
Hilft Humor den Feind besiegen
und zerbricht des Leidens Ketten.

Darum, Temmler, bleib' in Treuen
Motor unsres Mutentfachens,
Kraft, die Laune zu erneuern,
Pharmakopöe des Lachens!!

Auf dem zweiten Vorblatt folgt ein Goethe-Wort:

Ich lobe mir den heitren Mann
am meisten unter meinen Gästen.
Wer sich nicht selbst zum besten haben kann,
der ist gewiss nicht von den Besten.

Erst auf dem dritten Blatt beginnt der Januar. Er bringt sozusagen die Einstimmung auf den gesamten Kalender:

Ein guter Arzt ist der Humor
in jeder bangen Leidensstunde:
Er trifft den wunden Fleck und legt
den besten Balsam auf die Wunde.

Auf dem Blatt des 1. Mai (Nationalfeiertag des Hitler-Regimes) begegnet man einer kleinen, klugen Verbeugung vor dem NS-System:

Frohsinn, Kraft, Freude sind köstliche Gaben.
Dürfte doch jeder sich ihrer bedienen
und sich bei fröhlichen Menschen erlaben,
glätten die Falten bekümmerter Mienen. –
Ihr Glücklichen alle, die fröhlich ihr seid,
der Armut gebt Freude, verringert ihr Leid!
Ein fröhliches Lächeln schon Hoffnung verschafft.
Gebt Hoffnung durch Freude – durch Freude gebt Kraft!

Die Anspielung auf den Begriff „KdF" (Kraft durch Freude) ist hier nicht zu übersehen. Die staatliche Behörde KdF, eine der harmloseren im Dschungel der NS-Organisationen, sorgte für vom Staat stark subventionierte Freizeitangebote.

Weiter im Kalenderblättern: Nationalsozialistische Texte? Hitler-Zitate? Hakenkreuze und andere NS-Symbole ? Nichts dergleichen.
Auf der Suche nach Zeichen von Zugeständnissen in Richtung NS-System blättert man natürlich den 20. April auf, „Führers" Geburtstag. Hier finden sich lediglich zwei (ernste) Aussprüche zum Arztberuf.
Der dritte politisch-feierliche Tag im NS-Jahr war der 9. November. Auf diesem Abreißzettel des Kalenders steht erst der Hinweis „Gedenktag für die Gefallenen der Bewegung", daneben „Eintopfsonntag" (an dem man seine eigene Mahlzeit – zugunsten einer Spende für das WHW – auf das Niveau eines „Eintopfs" einzuschränken hatte). Darunter befindet sich ein Auszug aus dem Brief Stifters an August Bechwill (1853), an dem er den Tod eines gemeinsamen Freundes betrauert.
Keine weiteren Konzessionen an die politischen Gegebenheiten.

Fast alle diese Kalenderwitze, Anekdoten und Lebensweisheiten (weit über 365, denn auf vielen Blättern befinden sich zwei!) handeln von der Gesundheit oder von Ärzten.
Am 31. Dezember 1941 verabschiedet sich ein „Dr. H." im Namen der Temmler-Werke von den Kalenderbenutzern auf diese Weise:

Wenn morgens man zum guten Glück
das Blatt von dem Kalender reißt,
so gibt das neue einen Blick
in den Bezirk von jenem Geist,
der lächeln macht und der durch Schmunzeln
die Stirne reinfegt von den Runzeln.
Der ärztlich harte Tageslauf
beginnt mit munterem Glückauf!
Was aus den Blättern fröhlich weht,
ist psychische Spezialdiät,
für die die Ärzte wie die Kranken
durch mich dem Temmler herzlich danken.

Der Temmler-Kalender ist ein Beweis dafür, dass gerade während des Krieges Humor als Medizin für die Bewältigung des damals immer düsterer werdenden Lebens willkommen war und begrüßt wurde.

2.2. HUMOR VON UND FÜR SOLDATEN

Sehr verbreitet war während des Krieges der *Soldatenwitz* in seiner Ventilfunktion. Er wurde „von oben" stark gefördert.

In KRIEGSGESCHEHEN IM SPIEGEL DER FELDZEITUNG, einer Sammlung von Texten aus den FELDZEITUNG-Ausgaben von 1939/1940, erscheint der Text „Der Soldat und das Leben" von Kurt Eggers. Er enthält eine Definition des Soldatenhumors:

> Soldatenhumor?!
> Er hat nicht das geringste zu tun mit den üblichen dummen Redensarten, den blöden Possen und den geistlosen Kasernenhofblüten. Er ist auch niemals „Literatur" geworden, ebenso wenig wie er sich zum Nacherzählen eignet.
> Er ist das belustigte, grimme Auflachen von Männern, die durch die größten Erschütterungen gegangen sind und das Recht haben, dem Tod kameradschaftlich auf die Schulter zu klopfen.[72]

Aber viele der in den folgenden Soldatenhumor-Sammlungen enthaltenen Witze sind eben doch mehr oder weniger „Kasernenhofblüten"!

Schon *vor* dem Zweiten Weltkrieg gab es reichliche Literatur zum Thema Soldatenhumor. Einige Beispiele:

Peter Purzelbaum, ein schon vor 1933 bekannter humoristischer Schriftsteller, sammelte Soldatenwitze aus dem Ersten Weltkrieg und brachte sie unter dem Titel KRIEGSKAMERAD HUMOR 1914 – 1918 im Jahr 1939 in Berlin heraus.

KAMERAD STETEFELD. Humor im Felde.[73] Der Verfasser dieses Buches, Fritz Stetefeld, schildert seine Erlebnisse an der Westfront zwischen 1914 und 1918 auf humorvolle Weise. In dieser Schilderung, heiter illustriert von Paul Trost, entdeckten viele Frontsoldaten des Ersten Weltkrieges Begebenheiten, die ihren eigenen Erlebnissen ähnelten. Das Buch, schon bald im Ersten Weltkrieg erschienen, erlebte rasch eine zweite Auflage. In der Nazizeit wurde es zum dritten Mal – wahrscheinlich NS-anweisungsgemäß überarbeitet – mit einer kurzen Vorbemerkung des Verlags aufgelegt:

> Die 1. und 2. Auflage „Kamerad Stetefeld" war siegreich an der Front und in der Heimat und hat alle Herzen im Sturm erobert. Wir wünschen der 3. Auflage den gleichen Erfolg.

---

[72] Heerespropaganda-Kompanie / Feldzeitung (Hg.): KRIEGSGESCHEHEN IM SPIEGEL DER FELDZEITUNG. Nach Polen – am Westwall, Bd. 1, Hamburg? o.J., S. 28.

[73] Stetefeld, Fritz: KAMERAD STETEFELD. Humor im Felde. 3. Aufl. Nürnberg / Berlin 0.J.

Kein Geringerer als Hermann Göring, der „Generalleutnant und Chef des Ministeramtes Generalfeldmarschall“, wie es unter seiner Unterschrift steht, hat diesem Buch eine Widmung mitgegeben:

Der Kamerad Stetefeld ist mir deswegen an’s Herz gewachsen, weil er in unverblümtem, urwüchsigem Humor von jenen Dingen spricht, die man in anderen Kriegsbüchern vergeblich suchte: Vom Fronthumor unterm Zeichen der Kameradschaft! Jener Kameradschaft zwischen Mann und Offizier, die einzig und allein es ermöglichte, vor unserem von allen Seiten bedrohten Vaterland standzuhalten und auszuhalten bis zur letzten Sekunde! – Ich wünsche, es möge seinen Weg zu allen finden, die die Kameradschaft pflegen!

Da erlebt der Leser unter anderem, wie der Soldat Fritz sein Hemd in einem alten Marmeladekübel wäscht, um die Läuse loszuwerden. Unter dem Eimer hat er ein Feuer angefacht, mit dem er das Wasser zum Kochen bringt. Während dieser Prozedur sagt er zu den Läusen: „So ihr Luder, jetzt wird euch warm, gell?“.
Das Wasser verkocht, das Hemd wird geröstet und ist, als sich der Qualm verzieht, als solches nicht mehr identifizierbar.

Ein anderes Buch des Soldatenhumors, sogar im Zentralverlag der NSDAP, München, erschienen als Band 8 in der Reihe „Soldaten – Kameraden“, ist die Erzählung TIMM DER TOLPATSCH von Friedrich-Joachim Klähn[74]. Auch dieser Titel muss schon im oder nach dem Ersten Weltkrieg veröffentlicht worden sein, denn nun erscheint er in der dritten Auflage, leider auch wieder ohne Jahresangabe, was sicher kein Zufall ist.
Ein Auszug[75]: Timm ist gerade dabei, im Unterstand einen Hasen in einer Pfanne zu braten:

Wie aber das Feuer ausmachen? Der Raum ist zu eng. Doch Tim weiß sich zu helfen. Behutsam nimmt er die Pfanne herunter, kippt den Ofen langsam zu, zerdrückt die Holzkohlen, und als ihm das nicht recht gelingen will, pinkelt er sie aus...

Müssen wir Heutigen, was diesen Humor betrifft, nicht gähnen?

Sehr erfolgreich war auch der Roman des als Verfasser des Bestsellers HENGST MAESTOSO AUSTRIA bis in die Siebzigerjahre des vergangenen Jahrhunderts bekannten und beliebten Schriftstellers Arthur-Heinz Lehmann: RAUHBAUTZ WIRD SOLDAT[76]. Es geht hier um ein Pferd und natürlich um dessen Reiter Arthur-Heinz Lehmann, der in der Ich-Form erzählt. Auch dieses Buch scheint eine militärische Welt *vor* der NS-Zeit zu schildern. Es erschien 1940 in Dresden bereits im 22. – 37. Tausend! – Eine Probe (S. 63):

---

[74] Klähn, Friedrich-Joachim: TIMM DER TOLPATSCH. 3. Aufl. Zentralverl. der NSDAP München, o.J.
[75] Ebenda, S. 77.
[76] Lehmann, Arthur-Heinz: RAUHBAUTZ WIRD SOLDAT. Dresden 1940.

Bekanntlich kann im täglichen Leben mancher den anderen nicht riechen, während wieder andere in gutem Geruch stehen. In guten Geruch muss man sich also beim Pferd setzen, je hartnäckiger der Gaul ist, desto exklusiver muss der Duft sein, mit dem man ihn betören will.
Wo aber verliert der Reiter seinen sauersten Schweiß? – Wo ihm keine Kühlung wird. Also nehme er von dort gleichsam eine Prise und gebe sie dem Pferd zu schnuppern – bitte, das sagen die alten Araber, und die kennen sich aus mit Pferden. Das soll also dann helfen.

Zu dem eben vorgestellten Buch RAUHBAUTZ WIRD SOLDAT hat Lehmann noch zwei Fortsetzungen geschrieben: RAUH-BAUTZ WILL AUCH LEBEN und RAUHBAUTZ HILFT MIT SIEGEN.
Wobei der letztgenannte Titel vermuten lässt, dass sich der Autor mit dem NS-Wunsch, die militärischen Gegner zu besiegen, identifizierte.

In der Deutschen Hausbücherei, Bd. 711, erschien während der NS-Zeit die Sammlung SOLDATENHUMOR AUS FÜNF JAHRHUNDERTEN[77] als „3. ergänzte Auflage". Das Copyright ist auf die Jahre 1938/1940 festgesetzt. Wahrscheinlich ist das Buch 1938 erschienen und hat bis 1940 schon zwei Auflagen erlebt. Denn der erste Buchbesitzer hat, laut handschriftlichem Eintrag in meinem Exemplar, diese Sammlung im September 1940 erhalten.
In dieser Sammlung hat der Herausgeber Witze, Anekdoten, Schilderungen heiterer Begebenheiten, Liedertexte, Sprüche, Sprichwörter des Soldaten aus fünf Jahrhunderten zusammengestellt. Beiträge aus dem Zweiten Weltkrieg sind darin noch nicht enthalten.
Ein paar Sprüche als Probe (S. 197):

Kleider machen Läuse.
Das Selbstbewusstsein wächst im Quadrat der Entfernung zum Schützengraben.
Ohne Zweck – Marsch!
Nur kein 30,5-Zentimeter-Steckschuss! (Stoßseufzer im Trommelfeuer)
Auf Posten nichts Genaues!

Nun sollen noch zwei Sammlungen heiterer Erlebnisse von Soldaten im Zweiten Weltkrieg vorgestellt werden:

HAU DUNNERKIEL! Heitere Kriegserlebnisse von der Front und aus der Heimat, erschienen 1940 in Leipzig.
Der Herausgeber dieser Sammlung, Alfred Schröter, gibt ihr ein Vorwort mit:

Wenige Wochen nach Kriegsbeginn brachte ich am Reichssender Leipzig die Sendung „Soldaten, Kameraden" heraus. Sie geht seitdem jeden Sonntag fast über alle deutschen Sender. Viele Tausende folgten freudig der Aufforderung, ihre heiteren Erlebnisse an der Front und in der Heimat niederzuschreiben und einzusenden. Zahlreiche Zuschriften beweisen die begeisterte Aufnahme dieses echten deutschen Soldatenhumors bei den Rundfunkhörern, und vielfach wurde der Wunsch laut, die Aufzeichnungen zu besitzen. So entstand dieses Büchlein. Von kleinen Korrekturen abgesehen, blieb die Sprache und die Ausdrucksweise der Einsender gewahrt.

---

[77] Poddel, Peter (Hg.): SOLDATENHUMOR aus fünf Jahrhunderten. Hamburg 1938 /1940.

Diese Sammlung erhebt nicht den Anspruch, ein dichterisches Kunstwerk zu sein, sie will vielmehr den Humor und Witz einer großen Zeit unverfälscht und unmittelbar festhalten. Deshalb wurde bei der Auswahl auch mehr Wert auf das wahre Erlebnis als auf die erfundene Anekdote gelegt. Die meisten Seiten wurden von einfachen Soldaten geschrieben. Ihnen gebührt also der Dank für die frohe Stunde, die dieses Büchlein sicherlich allen Lesern bereiten wird. – Januar 1940.

Beispiel: ein dreistrophiges Gedicht, eingeschickt vom Schützen Waschau. Der Plot: Da verheddert sich ein aufgeregter Küchenbulle bei der Kücheninspektion. Ein Zitat dieses Gedichts ist nicht nötig, denn nur die letzte Zeile beinhaltet den Witz: Auf die Frage des Majors, was heute im Kessel sei, antwortet der Koch: „Erbsen mit Major, Herr Speck."

Soldat Heinz Adler berichtet in Prosa. Die neunzeilige Story lässt sich zu eineinhalb Zeilen verkürzen: Dem Küchenbullen brennt die Suppe an. Sie wird nun „Westwall-Suppe" genannt: uneinnehmbar.

Unteroffizier Hermann Dietrichs Geschichte lässt sich noch kürzer zusammenfassen: „Was ist ein Kriegsgericht"? – Antwort: „Erbsen mit Speck, Herr Hauptmann."

1941 wurde diese Sammlung neu aufgelegt, angereichert mit weiteren heiteren Begebenheiten.

1943 erschien im Zentralverlag der NSDAP, nun in Berlin, in der Reihe der „VB-Feldpost" (VB = VÖLKISCHER BEOBACHTER, politisch-propagandistisches Massenblatt der NSDAP) die 3. Folge des Titels DARÜBER LACHE ICH HEUTE NOCH. Soldaten erzählen heitere Erlebnisse. Der Schriftleiter des VÖLKISCHEN BEOBACHTERS, Wilhelm Utermann, zeichnet als Herausgeber.
Der Sammlung ist folgender Text – ohne Namensnennung des Verfassers – als Einführung vorangesetzt:

„Darüber lache ich heute noch"
So hieß der Titel eines Preisausschreibens des „Völkischen Beobachters", das die „VB-Feldpost" für ihre Soldatenleser veranstaltete. Es wurden heitere Erlebnisse aus den Feldzügen dieses Krieges gesucht. Scherzworte von Kameraden, die in einer gefährlichen oder ernsten Situation die Stimmung wieder „aufbügelten". Weit über 10 000 Einsendungen waren die Resonanz dieses Preisausschreibens. Offiziere und Mannschaften beteiligten sich daran. Eine kleine Auslese gibt dieses Büchlein wieder, zur Erheiterung aller Soldaten und zur Freude der Männer und Frauen in der Heimat.

Die „heiteren Erlebnisse" der Soldaten drehen sich jetzt nicht mehr so intensiv um die Art der Verpflegung, die Läuseplage, die Reinigung von Stiefeln und Uniformen oder um andere minder wichtige Themen, wie sie in den vorangegangenen Sammlungen oft zu finden waren. Man merkt: Der Hintergrund wird ernster. Ein Beispiel, eingesandt von einem Obergefreiten Hermann Hottmann:

SCHWERER VERLUST
Bei einem Feuerüberfall französischer Artillerie an der Westfront wurde der Schütze Paul durch eine schwere Granate, die unweit von ihm einschlug, verschüttet. Ungeachtet der großen Gefahr, sprangen sofort einige Kameraden herbei, um ihn zu retten. Inmitten des feindlichen Feuers gruben sie ihn aus: Zuerst wurde ein Bein sichtbar, und in kurzer Zeit gelang es, den ganzen Paul herauszuziehen. Zunächst blinzelte er etwas benommen in die Sonne, dann fasste er mechanisch in seine Tasche und fuhr mit einem Fluch hoch:
„Verdammt, jetzt habe ich da unten meine Zigaretten liegenlassen!"

Feldzeitungen wurden eingerichtet. Die erste Ausgabe der FELDZEITUNG DER MOSELARMEE", erschienen am Montag, dem 11. November 1939, enthielt einen Aufruf der Schriftleitung[78] an die Leser:

Kameraden! Mal herhören!
Mit dem heutigen Tage erscheint die „Feldzeitung der Moselarmee". Sie soll Euer Nachrichtenblatt werden, sie soll Euch unterrichten über die politischen und militärischen Ereignisse, sie soll aber auch Eurer Unterhaltung dienen. Wir wollen uns zugleich bemühen, Mittler zwischen Euch draußen an der Front und der Heimat zu sein. Wir werden Euch die Nachrichten aus der Heimat bringen, um so eine sichtbare Brücke nach Hause zu schlagen. Ihr sollt aber auch erfahren, was die Kameraden an den anderen Fronten erleben, ebenso wie Ihr im Abschnitt der Moselarmee zu Wort kommt.
Dazu brauchen wir Eure Mitarbeit. Sagt nicht, dass Ihr nicht schreiben könnt, dass Ihr kein Geschick habt zum Zeichnen! (...) Habt Ihr ein hübsches Erlebnis, ernster oder heiterer Natur, schreibt es uns. Kennt Ihr einen guten Witz, so behaltet ihn nicht für Euch. Die anderen Kameraden wollen auch über ihn lachen! (...)[79]

Die – aus der Sicht der Schriftleitung – schönsten Beiträge aus den verschiedenen Ausgaben der FELDZEITUNG wurden zusammengefasst in der Broschüre KRIEGSGESCHEHEN IM SPIEGEL DER FELDZEITUNG, (Untertitel: Nach Polen – am Westwall) Bd. 1, um, wie der diese Broschüre gestaltende Kriegsberichterstatter K.H. Ressing im Vorwort sagt, „den Lesern unserer Soldatenzeitung eine *Erinnerungsgabe* zu schaffen."

Ein Witz aus dieser Sammlung:

DAS WORT EINES GENERALS
Im Polenfeldzug war's. Der kommandierende General wollte nach vorn zu seinen Truppen fahren. Ein eifriger Leutnant erlaubte sich den Hinweis, dass die beabsichtigte Fahrstraße vom Gegner eingesehen werden könne, und fügte warnend hinzu: „Es wird geschossen." – Gleichmütig erwiderte General W.: „Ja, ja, das soll im Kriege manchmal vorkommen!"[80]

Man spürt: Je näher der Krieg rückte, ja, je tiefer Hitler seine Truppen in den von ihm ausgelösten Krieg hineinführte, umso mehr glitt der Soldatenhumor aus der

---

[78] Vorgestellt in: Heerespropaganda-Kompanie / Feldzeitung (Hg.): KRIEGSGESCHEHEN IM SPIEGEL DER FELDZEITUNG. Bd. 1 Nach Polen – am Westwall. Hamburg? o.J.

[79] Heerespropaganda-Kompanie /Feldzeitung (Hg.): KRIEGSGESCHEHEN IM SPIEGEL DER FELDZEITUNG Bd. 1, S. 18. (In der Feldzeitung Nr. 1, S.1)

[80] Heerespropaganda-Kompanie / Feldzeitung (Hg.) : KRIEGSGESCHEHEN IM SPIEGEL DER FELDZEITUNG. Nach Polen – am Westwall. Bd. 1, S. 23.

Kategorie „Erlaubter Humor“ in die Kategorie „Bezweckter Humor“ hinüber. Von diesem Bereich wird noch die Rede sein.

2.3. WITZZEICHNUNGEN UND KARIKATUREN

Auch bei den Witz-Illustrationen und Karikaturen galt: Erlaubt war, was als nationalsozialistisch ausgerichtet galt oder sich mindestens nicht als politisch aufmüpfig erwies.
Karikaturen mit antisemitischer Tendenz in Zeitungen, Illustrationen für antisemitische Kinder- bzw. Bilderbücher wie z.B. DER GIFTPILZ[81] oder TRAU KEINEM FUCHS AUF GRÜNER HEID, TRAU KEINEM JUD BEI SEINEM EID[82] – waren ganz im Sinn des NS-Systems. Nur kamen diese Konterfeis schmieriger, dicker, krummnasiger Juden bei der breiten Bevölkerung längst nicht so spontan, ja jeweils sehnlichst erwartet an wie zum Beispiel Horst von Möllendorffs „Schmunzelmännchen“.
Hans Nicklisch im Vorwort zu von Möllendorffs SCHMUNZELBUCH[83]:

> Und damit kommen wir wieder geradewegs zum Möllendorffer Schmunzelmännchen, denn in seiner behaglich-rundlichen Gestalt hat unser Sonntags-Ich seine vollendete Verkörperung gefunden. Wie Rosinen aus einem Napfkuchen nascht es die kleinen Freuden des Lebens, und wenn es mal nicht ganz so geht, wie es gern möchte, tröstet es sich mit seinem unverdrossenen, fröhlich-pfiffigen Schmunzeln. Blättert um und schmunzelt mit!

Manfred Schmidt, der den witzigen Einband und auch die heiteren Innenzeichnungen des WUNSCHKONZERT-Buches lieferte, scheint politisch als zuverlässig gegolten zu haben. Ebenso Fritz Draheim und Wilmar Riegenring, Witzzeichner der Rundfunkprogrammzeitschrift HIER BERLIN, um nur einige Vertreter dieser Kunstrichtung zu nennen.

Bekannt waren die witzigen Zeichnungen von (Bernhard) Barlog. Er illustrierte die Kinderzeitung DER HEITERE FRIDOLIN. Beliebt bei Kindern war auch seine Bildgeschichte: DIE FÜNF SCHRECKENSTEINER (Berlin 1940).
Viel Erfolg hatte er mit BARLOG'S LUSTIGER SOLDATENFIBEL,1938 in Berlin erschienen. Da gehen junge Männer zur Musterung, lernen Betten bauen, schälen Matrosen Kartoffeln, schindet der Unteroffizier seine Rekruten in der damals üblichen Weise auf dem Kasernenhof, stehen geschniegelte Soldaten, frisch rasiert, in Ausgehuniform samstags mittags Schlange vor der Telefonzelle – immer mit witzigem Kommentar.
Im Vorwort heißt es:

---

[81] Hiemer, Ernst: DER GIFTPILZ. Ein Stürmerbuch für Jung und Alt. Nürnberg 1938. Illustrator: Fips.

[82] Bauer, Elvira: TRAU KEINEM FUCHS AUF GRÜNER HEID, TRAU KEINEM JUD' BEI SEINEM EID. Nürnberg 1936. Illustratorin: Elvira Bauer.

[83] Möllendorf, Horst von: DAS KLEINE SCHMUNZELBUCH, Berlin 1939 (36. – 50. Tausend!).

Soldatenleben ohne herzhaften Humor ist wie Eisbein ohne Sauerkraut. Schwer verdaulich.
So ähnlich dachte Barlog, als er eines Tages kurz entschlossen sein Handwerkszeug zusammenpackte und sich in Richtung Militär umzusehen begann. Neugierig, wie er nun einmal ist, steckte er seine Nase überall hinein. (...)
Von dieser Studienreise hat er allerhand mitgebracht. Und weil er als Humorist geboren ist, mit dem Zeichenstift in der Hand, hat er hier und da noch eine kräftige Portion eigenen Senf dazugegeben...

Erich Ohser dagegen, seit 1934 bekannt unter dem Pseudonym e. o. plauen, gehörte mit seinen satirischen und politischen Karikaturen für Zeitschriften wie VORWÄRTS und seinen zahlreichen Illustrationen von z. B. Kästners Gedichtbänden *nicht* in die Kategorie der Zeichner, die den NS-Funktionären genehm waren. Wohl wurden seine heitere „Vater und Sohn"-Bildgeschichte mit ihren vielen Fortsetzungen, 1934 – 1937 entstanden, Zeugnis seines Rückzugs aus der politischen Satire, überaus populär. In BARLOG'S LUSTIGER SOLDATENFIBEL hat der „Deutsche Verlag" auf der letzten Seite Rezensionen des VATER UND SOHN-Buches von e. o. plauen, das auch bei ihm erschienen ist, abgedruckt. Hier stößt man sogar auf eine Besprechung, die im VÖLKISCHEN BEOBACHTERS, der Zeitung des NS-Systems, erschien:

Ein Buch harmloser Fröhlichkeit und herzhaften Lachens! Eine muntere Folge von lustigen Streichen von Vater und Sohn, diesen beiden Unzertrennlichen, Geschöpfe der humorvollen Phantasie des Zeichners Plauen. Wer ergötzte sich nicht schon an diesem drolligen Zusammenspiel, den immer wieder neuen Einfällen! So mancher Vater findet wohl hier sein getreues Spiegelbild, andere vielleicht einen Ansporn zu so köstlichem Gleichklang!

Eine anspruchsvollere Rezension der BERLINER BÖRSENZEITUNG auf der selben Seite:

... In diesen Bildanekdoten ist soviel Witz, Schelmerei, gute Zufallslaune, Tücke des Objekts und Spitzbüberei gesammelt, ob Vater und Sohn nun rührend füreinander einstehen oder sich gegenseitig zwacken, dass man seine Freude an der ursprünglichen Naivität der Vorgänge hat...

Aber im vorletzten Kriegsjahr wurde e. o. plauen von einem Wohnungsnachbarn angezeigt, der sein Gespräch mit einem Freund belauscht hatte. Er und der Freund wurden abgeholt. Im Gefängnis nahm er sich im April 1944 das Leben. Sein Freund wurde hingerichtet.

Auch Walter Trier, der als Zeichner für den SIMPLICISSIMUS, die JUGEND und die LUSTIGEN BLÄTTER tätig gewesen war und u.a. auch Erich Kästners Kinderbücher illustriert hatte, konnte und wollte sich nicht mit dem NS-System arrangieren. 1932 emigrierte er nach Großbritannien.

2.4. KURZGESCHICHTEN

Wie schon an Beispielen im Abschnitt *2.1. „Witziges in Wort und Bild"* gezeigt, gab es in der NS-Zeit keinen Mangel an humorvollen Kurzgeschichten, deren Themen zu NS-neutralen Bereichen gehörten. Kein Autor hätte damals Schwierigkeiten mit dem „System“ wegen der Beschreibung eines Schnurrbarts bekommen, an dem eine Suppennudel hängt. Wohl aber, wenn der Schnurrbartträger Blockwart gewesen oder eine SA-Uniform getragen hätte. Wahrscheinlich hätte ihm ein Aufenthalt in Dachau gedroht, wenn er die Nudel an Hitlers Lippenbärtchen hätte kleben lassen.

Ersatz für spontanen Humor boten damals Sammlungen von Schwänken und Anekdoten. Als Beispiele seien genannt: Mirko Jelusichs GESCHICHTEN AUS DEM WIENER WALD:

Anno 1848 ging es drunter und drüber. Das allzu lange unterdrückte Volk tobte und randalierte durch die Straßen, das Militär wusste sich nicht zu helfen. Schlotternde Schranzen brachten dem guten alten Ferdinand die Nachricht, dass seine Wiener Miene machten, die kaiserliche Burg zu stürmen.
Ferdinand riss die müden, schläfrigen Augen groß auf.
„Ja, dürfen's denn dös?“[84]

Hans Bethges DER KÖNIG. Hundert kleine Geschichten um Friedrich den Großen:

DER DESERTEUR
Im Jahre 1759, als Friedrich von allem Kriegsglück verlassen zu sein schien, versuchte einer seiner Leute zu desertieren. Man fasste ihn ab und brachte ihn vor den König, damit er von seinem obersten Kriegsherrn abgeurteilt würde.
„Warum wolltest du desertieren?“, fragte Friedrich.
„Weil die Sache Eurer Majestät allzu schlecht steht“, antwortete der Mann betrübt.
Der König überlegte einen Augenblick.
„Ich schlage dir vor, noch eine Woche zu warten“, sagte er milde, „steht meine Sache dann noch immer so schlecht, so wollen wir gemeinsam desertieren.“[85]

Einer Geschichte von 31 Schwänken und Schnurren „aus allen deutschen Gauen unseres Reiches“ in Josef Pöttingers SCHELME UND NARREN ZIEHEN AM KARREN begegnete man des öfteren in damaligen Lesebüchern. Auch ich habe sie in meiner Kinderzeit schon kennen gelernt:

DIE HASENJAGD
Ich weiß nicht, ob es ein Schwabe oder ein anderer deutscher Landsmann gewesen, der einmal von einem Hasen hübsch angeführt worden ist. Es hatte damals ein lang anhaltender Regen die Gegend so sehr überschwemmt, dass fast alles Wild in den Niederungen zugrunde gegangen war. In dieser Not hatte sich ein Häslein auf einen Weidenbaum gerettet, der mit seinem struppigen Kopf aus dem Wasser ragte. Das sah ein Bauer von seiner einsamen Hütte aus; er dachte sich, der Hase wäre doch besser geborgen in seiner Küche als dort auf dem Baum, wo er ohnehin zuletzt doch ersaufen oder verhungern müsste. Also zimmerte er ein paar Bretter zusammen und ruderte damit dem Weidenbaum zu, um den Hasen zu fischen. Der aber mochte dabei auch seine Gedanken und Pläne im Kopf haben, wie sich's später ergab. Denn als der Bauer anfuhr und sich an den

[84] Melusich, Jirko (Hg.): GESCHICHTEN AUS DEM WIENER WALD. Österreichische Anekdoten. Wien und Leipzig 1937, Feldpostausgabe 1943.
[85] Bethge, Hans: DER KÖNIG. Hundert kleine Geschichten um Friedrich den Großen. Berlin 1940.

Weidenstecken hinaufhob, ersah sich der Hase den rechten Augenblick und sprang über den Bauern hinweg auf das bretterne Fahrzeug. Das wurde durch den Aufsprung in Bewegung gesetzt und schwamm nun fort, wohin es das Wasser führte. Beim nächsten Bühel, an dem es anfuhr, sprang der Hase aufs Trockene und dankte seinem Erretter mit einem allerliebsten Männle. Der Bauer aber säße wohl noch auf dem Baum, wenn ihn nicht die Nachbarn heimgeholt hätten, die ihn nun ob seiner Hasenjagd tüchtig auslachten.[86]

Daneben waren aber auch die EULENSPIEGEL-, SCHILDBÜRGER- und SIEBEN-SCHWABEN-Geschichten auf dem Markt. Von ihnen fühlte sich das NS-System nicht gefährdet, waren sie doch schon lange vor ihm entstanden.

Im Hinblick auf das Thema „Humor in Kurzgeschichten" sei jetzt das Augenmerk auf Anthologien gerichtet, die von NS-Organisationen herausgegeben oder in deren Auftrag zusammengestellt wurden.
In ihnen ging es erst einmal um das Deutschtum. Und Ernstes und Erhabenes nahmen in den Inhaltsverzeichnissen so viel Raum ein, dass für Humor kaum mehr Platz übrig blieb. Es gab viele solcher Zusammenstellungen, auch für die Jugend. Die HILF MIT!-Bücher – Jahrbücher für HJ und BDM – gehören ebenfalls in diese Kategorie.

Ein Beispiel für viele der NS-Anthologien ist EWIGES DEUTSCHLAND. Ein deutsches Hausbuch, Weihnachtsgabe des Winterhilfswerkes des Deutschen Volkes für das Jahr 1939. Kleingedruckt auf der Rückseite des Titelblattes: Dieses Buch ist unverkäuflich.
Es umfasst 350 Seiten und enthält (S. 335 – 346) auch einen Kalender.

Der Inhalt (Gedichte, Kurzgeschichten, Briefe, Aussprüche und dergl.), insgesamt eine Präsentation der deutschen Literatur von den Anfängen bis zur „bereinigten" Gegenwart, ist nach den 12 Monaten eingeteilt.
Kein Geringerer als Dr. Joseph Goebbels schrieb das kurze Vorwort, in dem sechs mal das Wort „deutsch" auftaucht. Es beginnt verheißungsvoll:

Das vorliegende Buch, das die größte soziale Gemeinschaftsorganisation unseres Volkes als Weihnachtsgabe in die Hände der deutschen Familien legt, kann mit Fug und Recht als ein wirkliches deutsches Hausbuch bezeichnet werden.

Und endet hoffnungsvoll. Der Minister für Volksaufklärung und Propaganda zog alle Register:

Mögen diese unvergänglichen Werte deutscher Dichtung in die Herzen aller deutschen Volksgenossen eingehen, denen dieses Hausbuch beschert wird. Möge es in besinnlichen Stunden für alle seine Leser ein Quell steter Freude werden.

Im Januar, der 18 Beiträge umfasst, kann man nur einen einzigen (S. 15) als humorvoll bezeichnen: Friedrich Bischoffs „Hasengeschichte". (Eine resolute

---

[86] Pöttinger, Josef (Hg.): SCHELME UND NARREN ZIEHEN AM KARREN. Wien 1941.

Bäuerin, die ihren Mann im Griff hat, kehrt mit einem Wägelchen vom Markt heim. Sie gerät in eine Treibjagd. Als sie eine Jausenpause einlegt, springt ihr ein gejagter Hase auf den Schoß. Sie packt ihn bei seinen Löffeln, umwickelt seinen Hals blitzschnell mit ihrem Umschlagetuch, fesselt ihn an ihren Handwagen, deckt ihn zu und rumpelt heimwärts, voller Freude: Ein Dreikönigsbraten! Aber vor dem Dorf hat sich das Tuch vom Wagen gelöst, der Hase hüpft davon, und mit ihm das Tuch, in dem sie ihren Markterlös verstaut hatte.)

Der Februar enthält, trotz des Karnevals, nichts Humoristisches.

Der März (20 Beiträge) bietet Ludwig Thomas „Die Sau“ (S. 61) und Gustav Frenssens „Der Bauer und der Teufel“ (S. 65).

April, Mai und Juni sind *nur* ernst und feierlich.

Der Juli bringt für NS-Verhältnisse erstaunlich viel Humor, nämlich von 17 Beiträgen drei. Das sind je eine Kurzgeschichte von Karl Springenschmid („Zwei an einer Baumsäge“), Heinz Steguweit („Mutter Antjes Bienen“) und Bruno Brehm („Der Sprung ins Ungewisse“).
Wobei zu bemerken ist, dass in diesen drei Texten – wie auch in den wenigen anderen, die man in die Kategorie „humoristisch“ einordnen kann – der Humor meist zähflüssig-altbacken anmutet und /oder sich der moralische Zeigefinger aufrichtet.

Der August (18 Beiträge) enthält Otto Reuthers „Der Goggolore“ (S. 195) und Hermann Löns' „Des Rätsels Lösung“ (S. 201).

Der September (15 Beiträge) präsentiert als humoristischen Beitrag die Kurzgeschichte von Theodor Storm „Wenn die Äpfel reif sind“.

Im Oktober (16 Beiträge) kann man nur Heinrich v. Kleists „Anekdote aus dem letzten preußischen Kriege“ als (bedingt) humorvoll bezeichnen.

Der November (17 Beiträge) bietet die beiden Kurzgeschichten von Johann Peter Hebel an: „Böser Markt“ (S. 301) und „Der geheilte Patient“ (S. 303).

Im Dezember (16 Beiträge) wird's etwas heiterer: Außer den zwei Hebel-Kurzgeschichten „Der Star von Segringen“ (S. 310) und „Die drei Diebe“ (S. 312) kann man allenfalls noch Hans Friedrich Bluncks „Lügengeschichten“ (S. 314) in die Kategorie „Humor“ einordnen, obwohl Bluncks Humor nicht von jedermann als Humor erkannt wird.
Insgesamt wirkt diese Anthologie nicht gerade heiterkeitsfördernd. Eher soll der Leser wohl staunen über Reichtum und Fülle der deutschen Literatur.

Ähnlich verhält es sich mit der Textsammlung DER HELLE MORGEN. Ein Buch für junge Mädchen.[87] Es richtet sich an Leserinnen etwa im Alter von Arbeitsdienst-„Maiden", also ab 17 Jahren aufwärts. Die Herausgeberin und – wie sich beim Betrachten des Inhaltsverzeichnisses zeigt – Schriftstellerin Hilde Mentz steht voll hinter dem NS-System, denn sie stellt den Beiträgen, die hauptsächlich von jungen Mädchen stammen, ein Wort des „Führers" voran, gesprochen auf dem Reichs-jugendtag in Potsdam 1932:

Was kann einem Volke geschehen, dessen Jugend auf alles verzichtet, um seinen großen Idealen zu dienen!"

Das sagt genug. Die Anthologie ist dementsprechend humorarm. Natürlich gibt es auch kleine heitere Erlebnisse in Berichten wie „Kunststudentin auf Ostpreußenfahrt", „Medizinstudentin im Landdienst", „Arbeitsmaid bei Ruhrbergleuten", „Blick zurück...Mädchengestalten vergangener Jahrhunderte in Gedichten und Schilderungen deutscher Meister", „Tagebuch einer Weimarfahrt", „Träumereien beim Christbaumschmücken". Aber der überwiegende Teil der Texte ist ernst.
Mit einer Ausnahme: „Kleiner Zerrspiegel", ein siebenteiliges Gedicht von Gisa Gring. Der erste Teil (S. 63) unter dem Titel „Entzückend, goldig", mit verstecktem moralischem Zeigefinger neckisch drohend, lautet:

Ein Mädchen, welches ohne Prahlen
kriecht aus den letzten Eierschalen,
das ohne Übertreibung spricht:
Ein solches kennt der Erdkreis nicht!

Entzückend, goldig, furchtbar süß,
phantastisch, prächtig überdies,
bezaubernd, herrlich, engelhaft –,
entsetzlich, grässlich, grauenhaft,

berauschend und phänomenal –
entschlüpft das Wort ihr ohne Wahl:
Denn wo die Welt nur karg verfährt,
begreift dies Mädchen sie verklärt...

Fühlten sich die damaligen Leserinnen von der Autorin ernstgenommen?

Auch die Textsammlung DAS HELLE SEGEL[88], ein Buch für heranreifende Jungen bzw. junge Männer, ist überwiegend ernst gestaltet, obwohl kein Hitler-Ausspruch, kein Goebbels-Vorwort zu finden ist, nicht einmal irgend ein Zugeständnis an die NS-Ideologie. Das hat seinen Grund: Das Buch ist im Herder Verlag erschienen. Es geht hier also um die *religiöse* Erziehung der Jugend. Bei ihr wurde damals der Humor auch weitgehend außen vor gelassen.

---

[87] Mentz, Hilde (Hg.): DER HELLE MORGEN. Ein Buch für junge Mädchen. Essen 1941.
[88] Thurmair, Georg / Rick, Josef: DAS HELLE SEGEL. Freiburg/Breisgau 1936.

Eine Anthologie heiterer Texte, DEUTSCHLAND LACHT (mit dem Untertitel „Volkhafter Humor“[89]), 1940 erschienen im Deutschen Volksverlag München, zeigt sich nicht so ideologisch verkrampft wie die vorher vorgestellten Sammlungen, wenn natürlich auch nationalsozialistisch ausgerichtet. Dieses Buch stand in der Anthologie-Reihe des auf völkische Anthologien spezialisierten Deutschen Volksverlags zwischen
GEDICHTE DES VOLKES,
ERZÄHLER DER ZEIT,
DAS VÖLKISCHE LIED,
KÜNDER UND KÄMPFER.

DEUTSCHLAND LACHT enthält einen Beitrag von fast jedem in Hitler-Deutschland bekannten Autor. Karl Seibold, der die Texte der Anthologie zusammengestellt hat, kommentiert im Vorwort seine Auswahlkriterien – vor allem die im dritten Teil – erfreulich differenziert. Er ist offensichtlich bemüht, eine Brücke von der NS-Ideologie zum echten Humor zu schlagen:

....„Deutschland lacht“, durchpulst vom Leben des Volkes und den zahlreichen Spannungen und Entladungen alltäglicher und besonderer Geschehnisse, ruft auf zur Freude, zum Lachen, zur Lebensbejahung und zum Gemeinschaftserlebnis, aus dem es entstanden ist.
Darüber hinaus soll der neue Sammelband in seiner Dreiteilung allen Besinnlichen Wege weisen in das weite Kraftfeld deutschen Humors. Während der erste Teil („Kamerad Humor“) aus dem nie versiegenden Quell lustiger Begebenheiten des Soldaten-, Arbeiter- und Bauernlebens schöpft und den Humor als den Ausdruck deutscher Lebenskraft und Lebensbehauptung schlechthin darstellt, geht der zweite Teil („Die Stämme lachen“) in Einzelbeiträgen zahlreicher deutscher Stämme auf die in Sprache, Lebensführung und Gewohnheiten besondere Stammeseigenart ein. Der Stammeshumor führt zum gegenseitigen Verständnis und stellt über allem Verschiedenartigen die gleichen Züge deutschen Wesens heraus. Im dritten Teil („Humor der Lebenskunst“) wurde der Versuch unternommen, Bausteine zur Philosophie des deutschen Lachens zu sammeln. Nun zeigen sich Gestalten, die als Typen heiterer Lebensführung das Leben meistern, auch dort, wo sich die Grenzen zwischen dem Komischen und Tragischen verwischen und der Weisheit letzter Schluss mit einem trockenen und einem nassen Auge lächelnd erfüllt wird...

Freilich gab es auch außerhalb der zahlreichen von NS-Funktionären herausgegebenen und vom Nationalsozialismus geprägten Anthologien eine Reihe von Sammlungen heiterer Geschichten.

So HUMOR IM ALLTAG. Heitere Kurzgeschichten von Franz Resl, einem in Oberösterreich bekannten Schriftsteller. Das Buch erschien 1936 in Salzburg. Österreich war damals noch nicht von Hitler „heimgeholt“ worden. Aber diese 51 humorvollen Texte wie auch Resls andere heiteren Bücher wurden nach 1938 in Deutschland ebenso gern gelesen.
Im Vorwort von HUMOR IM ALLTAG schreibt er:

---

[89] Seibold, Karl (Hg.): DEUTSCHLAND LACHT. Volkhafter Humor. München 1940.

...trotzdem habe ich mich wieder aufgemacht, um den Alltag mit frohem Gesichte zu durchwandern und den Humor zu suchen, das Lachen einzufangen und beide in diesem lustigen Buche weiterzugeben an die Verdrossenen und Müden, an die Hoffnungslosen und Traurigen...[90]

In diese Buchgruppe gehört auch Rudolf Greinz' ÜBER BERG UND TAL. Lustige Tiroler Geschichten. Zum ersten Mal 1927 erschienen, hatten sie auch im Deutschland Adolf Hitlers Erfolg: 1942: 31. – 40. Tausend!
Ein Auszug aus der Kurzgeschichte „Zollrevision“:

...Der Valtl hat in Holzgeschäften häufig im Bayerischen draußen zu tun. In Bayern, da gefällt es ihm gar nicht schlecht. Er macht auch öfters kleine Einkäufe draußen, die er dann auf schlaue Weise über die Grenze zu schmuggeln weiß. Aber einmal, da haben sie ihn doch erwischt, die verflixten Finanzer. Da hatte er gerade eine riesige Salami und ein paar Packeln holländischen Rauchtabak bei sich. Der Valtl ist nämlich ein Feinschmecker. Der österreichische Vierkreuzer-Packeltabak mundet ihm halt noch einmal so gut, wenn er ein bissel geschmuggelten Holländischen daruntermischt...[91]

Und so weiter.

Ein Heinrich Berl sammelte zum Beispiel ERGÖTZLICHE GESCHICHTEN AUS ALTBADEN und gab sie im Jahr 1936 in Baden-Baden heraus. Unter dem Titel steht (ohne Satzzeichen) zur Erklärung:

Dieses Buch enthält die Weisheiten und Tollheiten Episoden und Anekdoten von Männern der Geschichte und von Frauen die Geschichten machen und von fahrenden Leuten und seltsamen Käuzen und ist aus mündlichen und schriftlichen Quellen nacherzählt

Im Klappentext heißt es:

...Aber nicht ein bissig ironisches, vielmehr ein heiteres und ergötzliches Buch ist daraus entstanden, das nicht lächerlich, sondern lachen macht...

Von August Lämmle erschien DER SEBULON. Untertitel: Geschichten von kecken Burschen. Es ist eine 1940 getroffene Auswahl aus seinen Büchern „Schwäbisches und Allzuschwäbisches“ und „Der Herrgott in Allewind“. Eine Probe:

DER KUHHANDEL
Zwei edle Bauern, einer von Oßweil, der andere von Asperg, gingen auf den Ludwigsburger Martinimarkt. Der von Oßweil hatte eine rote Kuh feil, ein starkes Tier, knochig, mit rauen Haaren und einem kurzen Schwanz.
Der von Asperg ging um die Rote herum, besah sie, schätzte das Gewicht, spannte sie in Gedanken an den Pflug und maß ihr Euter. Das Euter war gut, aber die Striche waren klein.
Schließlich dachte er: Ich probier's.
„Vetter“, sagte er, „was soll dein Küehle kosten?“, denn die von Asperg habens wie die Bauern im Gäu, die sagen zu einer fremden Kuh immer Küehle.

---

[90] Resl, Franz: HUMOR IM ALLTAG. Heitere Kurzgeschichten. Salzburg 1936, S. 7.
[91] Greinz, Rudolf: ÜBER BERG UND TAL. Lustige Tiroler Geschichten. Leipzig, 31. – 40. Tausend 1942.

Der Oßweiler nannte einen Preis, der war nicht aus der Weis'. Ein Wort gab das andere: „Wie ische (ist sie) im Zug?" – „"Wie-e Gaul! Und e Fressere! Do übernimm i jede Gewährschaft!" – „Und wie isch mit dr Milch?"- „s geit wenig so, wursch (wirst es) seah! I sag dr bloß, wenn d Milch witt, no kaufsche (kaufst du sie)!" Meinte die Milch, der andere meinte die Kuh.
Also redeten sie hin und her, handelten lang und hartnäckig, erst um den Kaufpreis, dann ums Trinkgeld und schließlich um den Strick. Als sie einig waren, zog der von Asperg den Beutel, zahlte bar aus, nahm die Kuh am Seil und zog mit ihr ab, der Heimat zu...[92]

Die Geschichte ist hier noch nicht zu Ende. Der Asperger Bauer taucht am nächsten Morgen beim Oßweiler Bauern auf und will die Kuh, die keine Milch gibt, zurückgeben. Er muss, wie der Leser längst ahnt, unverrichteter Dinge wieder abziehen.

Mit solchen altbackenen Histörchen konnte man natürlich keinen anspruchsvollen Humorsuchenden befriedigen. Auch nicht in der NS-Zeit. Aber die vom NS-System gewünschte Pflege der Eigenständigkeit und Kultur der deutschen „Gaue" verlangte Sammlungen dieser Art.

Heinrich Zillich schrieb „Lustige Geschichten aus Siebenbürgen" und veröffentlichte sie unter dem Titel FLAUSEN UND FLUNKEREIEN.[93] Von diesem Titel wurden mindestens 30 000 Exemplare verkauft.

Der Heimatschollen-Verlag, Melsungen, gab „fröhliche Bücher" von Heinrich Ruppel heraus, deren Inhalt fast ausschließlich in Hessen spielt: So
HERR STRÄUBELEIN, eine Erzählung in Anekdoten,
SCHNURRANT AUS HESSENLAND, Schwänke, Schnurren und Schnitzen in Mundarten der Heimat,
KÄUZE UND KERLE, Schwänke, Schnurren und Anekdoten,
DER SCHELM IM VOLK, Kurhessisches Anekdotenbuch.
DÖRTHE DANZ, Heitere Geschichten.[94] Diese Sammlung enthält Erzählungen mit Titeln wie „Das Brautpaar im Backtrog", „Der Dorfschelm", „Eine Schulmeisterfahrt nach Schlitz" oder „Das heitere Begräbnis".
Hier ein Auszug aus der Kurzgeschichte „Dörthe Danz", die der Sammlung den Titel gab:

(S. 32) Er (...) überschaute die Sachlage, war im Nu auf den Beinen, griff einen Rohrstock von der Wand und schwang ihn wie einen Degen über dem Hinterquartier des Erwischten. Der steckte schon mit Kopf und Kragen in der Kachel und präsentierte seinem Erzeuger in einladender Weise seine Sitzfläche, auf die dieser den Schuldschein in kräftigen Zügen niederschrieb.

Ernest Henthalers TOD UND TEUFEL, Lustige Bauerngeschichten,[95] erschien, laut Verlag, als 23. der „Lustigen Bücherreihe". In ihr findet man so bekannte Humoristen wie Heinz Lederer (BLAUER DUNST. Ein heiteres Buch von Pfeifen

[92] Lämmle, August: DER SEBULON. Geschichten von kecken Burschen. Stuttgart 1940.
[93] Zillich, Heinrich: FLAUSEN UND FLUNKEREIEN. Lustige Geschichten aus Siebenbürgen. München 1940.
[94] Ruppel, Heinrich: DÖRTHE DANZ. Heitere Geschichten. Melsungen 1942.
[95] Henthaler, Ernest: TOD UND TEUFEL. Lustige Bauerngeschichten. Berlin 1941.

und Frauen), Roderich Menzel (UNGLAUBLICH, ABER WAHR), Jo Hans Rösler (DAS SCHÖNSTE MÄDCHEN DER WELT), Karl Hans Strobl (DAS BESCHWIPSTE KARUSSELL), Wendelin Überzwerch (EIN SELTSAM DING IST DOCH DER LEIB), Bruno Wolfgang (DER HEILIGE BÜROKRATIUS. Beamtenhumoresken) und andere.

Humor war gesucht! So hatte auch Curt Seiberts lustige Geschichten „VERZEIHEN SIE...“[96] großen Erfolg.
In diesem Buch geht es um Alltagssituationen, wie sie jedem begegnen. Z. B. „Wem gehört der Hund?“, „Ein passendes Geburtstagsgeschenk“, „Umsteigen“, „Maikäfer im Juni“, „Pflege der Muttersprache“ oder „Bitte um Gestattung eines Briefwechsels“.

Ein Autor, der seine heiteren Lebensweisheiten nicht in Kurzgeschichten packte, sondern in witzigen, oft nur zwei Zeilen umfassenden Gedichten mit selbstgeschaffenen Illustrationen kombinierte, nannte sich Ipf. Sein richtiger Name ist mir nicht bekannt. Der Titel des Buches: GERN HÖRT JEDER WEISE LEHREN. Ein Taschenbilderbuch für erwachsene Kinder.[97]
Ein paar Beispiele ohne Seitenzahl, da die 48 Seiten keine Zahlen haben:

Wenn's ihm in den Beutel schneit,
keiner schreit: „Hab keine Zeit!“
....

Ein Mann sah in ein Goldfischglas
und sprach zu dessen Inhalt das:
„Zu welchem Zweck erschuf dich nur
die immer weise Frau Natur?
Der Fisch darauf nichts schuldig blieb.
Mit seinem Schwanz ins Wasser schrieb:
„Stumm stimm ich durch mein Dasein froh
die andern. – Mach's du ebenso!“
....

Oftmals stoß' ich auf Asketen,
die nur die Gelüste töten,
weil die Zähne in den Backen
viel zu mürb zum Knochenknacken.
....

Fritz Müller-Partenkirchen, ein zwischen den beiden Weltkriegen sehr bekannter Humorist, brachte 1927 das heitere Buch KAUM GENÜGEND mit dem Untertitel „Schulgeschichten“[98] heraus. 1943 wurde davon das 58. – 72. Tausend aufgelegt!
1935 erschien in Leipzig sein kleines Buch JA! Untertitel: „Ein Fritz-Müller-Buch“. Es ist „ allen, die Ja zum Leben sagen“ gewidmet. Ein kleiner Auszug aus der Geschichte „Der Ruf“:

---

[96] Seibert, Curt: „VERZEIHEN SIE...“. Lustige Geschichten. Berlin 1943.
[97] Ipf: GERN HÖRT JEDER WEISE LEHREN. Ein Taschenbilderbuch für erwachsene Kinder. Stuttgart 1940.
[98] Müller-Partenkirchen, Fritz: KAUM GENÜGEND. Schulgeschichten. Leipzig 1943.

Die Frau Rentamtsbuchhalter erhält nach 30 Jahren Funkstille einen Brief von ihrer Schwester Anastasia, Stasi genannt:

Liebe Resl!
Dass d' nicht erschrickst, dot bin ich noch nicht, wenn ich mirs auch ein öften wünsch. Ist jetz fufzehn Jar dass ich ihn jetzt hab den Alisi. Das weißt selm, dass ich nie nix auf ihn kommen lassen hab aber was zarg is is zarg. Oder hett ich vielleicht einen Muckser tan vor dreizehn Jar wie er's erschtmal mit dem dreschflägel nach mir hingschlagen hat oder wie er vor elf Jahr das erschtmal mit der Heigabel gstochen hat oder wies mich vor siem Jahr mit dem nachgschmissen Biegeleisen derwischt hat oder vor zwei Jahr, wos mich ins Odelwasser neingschmissen hat werst nie nicht ein Stermswerterl von mir erfahrn haben oder villeicht net?...[99]

Fritz Müller-Partenkirchens zahlreiche heitere und besinnliche Kurzgeschichtensammlungen, die er zum größten Teil schon *vor* 1933 geschrieben hatte, waren in der NS-Zeit allgemein bekannt und wurden geschätzt. Der L. Staackmann Verlag, Leipzig, empfahl einige von Müllers Büchern im Klappentext von Müllers JA! so:

JETZT GRAD EXTRA. Trotzalledem-Geschichten.
Diese „Trotzalledem-Geschichten" sind in ihrer Zuversicht eine köstliche Gabe: erheiternd und vergnüglich für frohe Menschen, tröstend und stärkend für alle, die aus dem Druck des Alltags heraus wollen in die heitere, freiere Sphäre.

Oder: SCHÖN IST'S AUF DER WELT. Fröhliche Geschichten.
Manches Beschauliche, Besinnliche, Heitere – aber auch manches wirklich Lustige vereinen diese 38 Kurzgeschichten, in denen der Dichter die Schönheiten des Lebens preist, die sich auch im kleinsten offenbaren, wenn man sie nur zu sehen versteht.

1939 erschien sein heiterer Unterhaltungsroman DER KAFFEEKÖNIG. Anfang 1942 starb Müller-Partenkirchen.

Walter Foitziks UNTER UNS GESAGT[100] enthält „Heitere Daseinsbetrachtungen". Sie sind zeitlos. Auch noch heute muss man schmunzeln, wenn man in diesem Buch blättert. Ein Beispiel aus dem Kapitel „Fremde Betten" (S. 152f.):

Wenn Sie abends Ihr Hotelzimmer betreten, ist eine Ecke einladend aufgeklappt: Bitte bedienen Sie sich.
Sie bedienen sich und fahren unter Decke und Laken. Da fühlen Sie, dass beide am Fußende verklemmt sind. Sie sind diesen Aufenthalt im Steckkissen nicht gewohnt, und mit einem wuchtigen Emporschleudern der Beine lösen Sie die Verklemmung.
Unglücklicher, was haben Sie getan? Jetzt kommt das Chaos. Nie wieder werden Sie den Kosmos aus Plumeau, Wolldecke und Laken herstellen können. Ich habe ernste Männer in dieser Lage weinen sehen. Im Bett wälzte sich ein schauerliches Gemenge aus Laken, ernstem Mann, Kissen und Wolldecken umher. Immer wieder gerät man in die falsche Schicht, und doch war die Anordnung wie eine Prinzregententorte geplant.
Solche Kämpfe machen müde.

---

[99] Müller-Partenkirchen, Fritz: JA! Ein Fritz Müller-Buch. Leipzig 1935, S. 143f.
[100] Foitzik, Walter: UNTER UNS GESAGT. Heitere Daseinsbetrachtungen. München 1939.

Am Morgen wachen Sie auf einem Schlachtfelde auf, völlig unbedeckt. Nur um den Hals tragen Sie ein tauartiges Gebilde, das war am Abend das schöne weiße Laken.

Die Angabe „30. bis 40. Tausend" lässt erkennen, wie sehr man dieses Buch damals schätzte.
Im Heimeran Verlag, wo es erschien, tummelte sich der Humor in allen Spielarten. Laut Liste des Jahres 1939 wurde angeboten

Bayrischer Humor: STEGREIFGESCHICHTEN DES DR. DIESS. Während des Erzählens mitstenographiert. 7. Tausend.

Familienhumor: DIE LIEBEN VERWANDTEN. 15 Charakterbilder von Ernst Heimeran. 23. Tausend.
DER VATER UND SEIN ERSTES KIND. Von Ernst Heimeran.
45. Tausend.

Wiener Humor: GRAF BOBBY UND BARON MUCKI. Geschichten aus dem alten Wien. Von S. Grill. 62. Tausend.

Grotesker Humor: DAS EI DES KOLUMBUS. Zeichnungen eines Liebhabers. 40 Tafeln. Text von Penzoldt.

Literarischer Humor: HIER IRRT GOETHE. Anachronismen seit Homer. Von Hanns Braun. 12. Tausend.

Musikalischer Humor: DAS STILLVERGNÜGTE STREICHQUARTETT. Von Aulich und Heimeran. Praktisch-ergötzlich. 15. Tausend.

Schwäbischer Humor: GESCHICHTEN DES RITTERS VON LANG (geb. 1764), von ihm selbst erzählt. 3. Tausend.

Unfreiwilliger Humor: UNFREIWILLIGER HUMOR. 40. Tausend.
ERNSTGEMEINT. 7. Tausend. Entgleisungen in Poesie und Prosa.

Man sieht, Humor blühte – aber auf einer anderen Ebene als der des Nationalsozialismus.
Ein Beweis dafür ist das Vorwort zu der Sammlung heiterer Texte von E. C. Christophé DIE WELT GEHT UNTER. Untertitel: „Ein Buch zum Totlachen".[101]
Es heißt da:

Dies Buch soll nicht nur lächeln lassen, dies Buch will lachen machen.

---

[101] Christophé, E.C.: DIE WELT GEHT UNTER. Ein Buch zum Totlachen für Männer, Mädchen und Soldaten. Berlin 1942.

Ich trete darin auf, du trittst darin auf, wir alle treten darin auf. Verliebte, Bürokraten, Junggesellen und Soldaten, Ehekrüppel, Tugendbolde und solche, die es werden wollen, sie alle tanzen in buntem Wirbel den Reigen dieser verrückten Welt.
Zum Schluss treten Gangster aus dem größenwahnsinnigen Amerika auf den Plan. Es knallt!
Wer in diesem Buch nicht das findet, was er sucht, kaufe sich auf Bezugschein L = Lebensüberdruss einen Liter besten Rizinusöls. Vielleicht hilft das.
Uns anderen hilft das Lachen!

Wollte man die Liste der literarischen Humoristen zwischen 1933 und 1945 vervollständigen, müsste man noch viele andere Namen aufführen, auch den von Peter Purzelbaum (eigentlich Alexander Prusz von Zglinitzki), der EIN SACK VOLL SPITZBUBEN, Berlin, o. J., und HOHER JERICHTSHOF, Berlin, o. J. schrieb. In Leipzig erschien 1940 sein FRONT NACH BACKBORD. Lustiges aus Wind und Wellen.

Großer Beliebtheit erfreuten sich auch Bücher, die zum Ziel hatten, das Gemüt oder die Stimmung aufzuhellen, zumal im Verlauf des Krieges – vor allem, als fast nur noch der „siegreiche Rückzug" stattfand – der Optimismus des Volkes rapid abnahm. Die Autoren dieser Art von Texten wurden von der Zensur der NS-Diktatur nie behelligt, vorausgesetzt, sie begaben sich nicht kritisierend auf das Pflaster der politischen Zustände in Deutschland.

Dr. Hans Beck stellt in seinem Buch EINE FLASCHE LEBENSMEDIZIN den Optimisten dem Pessimisten gegenüber[102]:

DER PESSIMIST
Das Leben ist ein Pfefferkorn,
genau so kugelrund,
es ist von hinten wie von vorn,
man schaut nicht auf den Grund.
Und beißt man einmal fest hinein,
pfui Teufel, wie das schmeckt!
Man sieht ja nie...muss wohl so sein...
was drinnen alles steckt.
Das Leben ist ein Karussell,
ist eitel Tand und Schein:
Man dreht sich rum, bleibt auf der Stell'...
die Melodie zum Schrei'n.
Oft schieb' ich selbst, oft schiebt man mich,
nie so, wie ich es will;
und springt man ab, verstaucht man sich...
Das Karussell bleibt still...

DER OPTIMIST
Das Leben ist ein Pfefferkorn,
so rund, so scharf, so fest,
und beißt es auch, ja selbst im Zorn
liegt Würze noch im Rest.
Es ist nicht immer Zucker, nein,
den bringt das Leben mit:
Das Leben muss gepfeffert sein,
sonst fehlt der Appetit.
Das Leben ist ein Karussell,
geht so im Kreis herum,
läuft bald im Licht, bald im Tunnel,
bergauf, bergab, g'rad, krumm.
Ich freu mich immer, wie ich will,
an all dem Glanz und Schein,
und wird's mal trüb, dann lach' ich still:
Könnt' noch viel trüber sein!

Bruno H. Bürgel, ursprünglich Arbeiter, dann Drucker, schließlich Astronom und Schriftsteller, der schon vor dem Ersten Weltkrieg Bücher veröffentlicht hatte und sich, was den Nationalsozialismus betraf, im Hintergrund hielt, schrieb HUNDERT

---

[102] Beck, Hans, Dr.: EINE FLASCHE LEBENSMEDIZIN für den Körper und den Geist. Dresden / Leipzig 1942, S. 113.

TAGE SONNENSCHEIN. Ein Buch vom Sonntag und Alltag des Lebens. Es wurde – 1940 erschienen – 1944 in die Auswahlliste des Volksverbandes der Bücherfreunde aufgenommen. In seinem philosophisch-heiteren Text lässt er einen Arzt und gleichzeitig Freund zu ihm, dem Schriftsteller, nachdem er ihn gründlich untersucht hat, gelassen sagen:

Noch einmal: Dir fehlt nichts. Hundert Tage Sonnenschein und behagliche Heiterkeit im Zaubergarten der Allnatur. Mit Pillen und Mixturen ist da nichts getan. „Zu Beginn meines Wirkens", sagte der große Arzt Radcliffe, „hatte ich für ein Leiden zwanzig Medikamente, am Ende meiner Erfahrung hatte ich für zwanzig Leiden keine einzige Medizin mehr."[103]

Bürgel wurde, wie es scheint, von den Literaturfunktionären des NS-Systems geschätzt. Jedenfalls sagte der Reichsjugend-Pressedienst, Berlin, über ihn:

...So bietet er eine Fülle von Wissen zugleich mit einer Lehre für das Leben, nicht mit der Aufdringlichkeit eines Magiers noch mit dem Pathos des Predigers, sondern mit der Kraft des in seinen Grenzen großen Menschen.[104]

Walter Kiaulehn schrieb ein LESEBUCH FÜR LÄCHLER[105]. Dem Buch gibt er den Leitsatz mit:

Willst du der Sorgen los und aufgemuntert sein,
lies dieses Buch bei einem Gläsgen Wein.

Zwei Auszüge aus dem Inhalt (S. 142 und S. 145):

DER UN
Der Un ist es, der die Pein in unser Leben bringt. Wo sind die Zeiten hin, da Hold und Wirsch ihr Wesen trieben? Der Unhold ist geblieben. Er treibt sein Unwesen. Der Hold aber ist längst verblichen. Seht euch um! Wo trefft ihr einen Hold? Nur der Bold ist noch da, sein unangenehmer Bruder.

SCHLAGERTEXTE
... Es geschah mir auf einem Ball in einem Fasching, dass mich der Text eines Schlagers mit großer Wucht getroffen hat. Wie Faust in der Walpurgisnacht ließ ich das schöne Mädchen fahren, das mir beim Tanz so lieblich sang. Sie sang den Schlager jenes Jahres, ein Lied, das von allen Radiostationen verbreitet ward. Es heißt: „So oder so ist das Leben." (...) Man kann das Leben betrachten, wie man will, entweder ist es so oder so. Die Wahrheit, die hier ausgesprochen wird, ist so einfach, dass sie vom Ballsaal bis in den Himmel reicht. Dabei ist es unheimlich und beinahe peinlich, wie sehr das Wort „So oder so ist das Leben" die letzten Möglichkeiten unserer Erkenntnisfähigkeit streift....

---

[103] Bürgel, Bruno H.: HUNDERT TAGE SONNENSCHEIN. Ein Buch vom Sonntag und Alltag des Lebens. Berlin 1940, S. 21.

[104] Bürgel, Bruno H.: MENSCHEN UNTEREINANDER. EIN FÜHRER AUF DER PILGERREISE DES LEBENS. Berlin 1939, Waschzettel.

[105] Kiaulehn, Walther: Lesebuch für Lächler. Stuttgart 1938.

Dem Autor des Buches MENSCH, SEI POSITIV DAGEGEN[106], Arthur-Heinz Lehmann, ist man in der vorliegenden Arbeit schon begegnet (als Verfasser des Pferdebuches RAUHBAUTZ WIRD SOLDAT).
Mit MENSCH, SEI POSITIV DAGEGEN hat er einen „Aufheller" geschrieben. Hier geht es um viel Menschliches. Es gelingt Lehmann, den Leser zu motivieren, über sich selber, also die eigenen Schwächen und Lächerlichkeiten, zu lachen..
Die Kapitel seines Buches heißen u.a.: Die Steuern / Das Flirten / Astrologie / Das karierte Brett vorm Kopfe / Das Schweigen im Kino / Der öffentliche Busen / Das Anlecken der Briefmarken / Die Gefälligkeitszigarre.

Interessant im Zusammenhang mit der vorliegenden Arbeit ist der Klappentext, der nicht von Lehmann, sondern vom Verlag stammt:

Mensch, sei positiv dagegen! Positives Dagegensein bringt den Menschen weiter, denn das Lachen schaut stets dabei heraus. Und das Lachen ist wichtig, das Lachen über den eigenen Ärger! Dabei wird der ganz gewöhnliche Mensch zum Humoristen. Humor ist positiv, Humor macht immer mit.

Zu erwähnen ist noch das heitere Buch von Hannes Kremer: MORITATEN, 1943 erschienen[107]. Moritaten kennt jeder. Die von Kremer sind auf den ersten Blick überwiegend unpolitisch, manche jedoch gemäßigt pro-NS-politisch. Vor allem aber sind sie witzig.
Ein Beispiel für eine der scheinbar unpolitischen Moritaten (wobei man vermuten darf, dass für die Zeitgenossen des Autors eine politische Anspielung in diesem Text erkennbar war) , auf S. 58:

JODOKUS
Ein Ochse auf der Frühlingswiese
verliebt sich in ein Blümlein namens Liese.
(Das Blümlein stand auf einer deutschen Au
und war dem Reim zuliebe blau.
Nein, rot war es mitnichten,
obgleich ansonst in den Gedichten
Von Liebesleid und Liebesnot
bei uns die Blümlein meistens rot.)
Nun gut, dass er Jodokus hieße,
gestand der Ochse Fräulein Liese,
und, dass sein Herz für sie entbrannt;
es ist so Ochsensitte hier zu Land:
ein Blick, ein Wort – und aus Gefräßigkeit
vergisst der Ochse alle Mäßigkeit.
Jodocus ebenfalls benahm sich hier
quasi und beinah' wie ein wahrer Stier:
Aus wilder Liebe fraß er Fräulein Liese!
Jetzt liegt, was von ihr wiederkehrt,
schon wieder auf der Wiese.

---

[106] Lehmann, Athur-Heinz: MENSCH, SEI POSITIV DAGEGEN! Dresden 1939.
[107] Kremer, Hannes: MORITATEN. München 1943.

Was weiß ich, nächstes Jahr im Mai
wächst draus vielleicht der Lieschen zwei?!
Dann wird Jodokus sich an Lieses auferstandnen Resten
Sein Ochsenfleisch vermutlich nochmals mästen.
Jaja, man muss dies wirklich laut und deutlich sagen:
Bei Ochsen geht die Liebe einzig durch den Magen! –
Indes, so drehen sie sich selbst den Strick:
Sie werden davon feist und dick,
und dann – zu ihrem größten Schaden –
hängt man sie einfach in den Metzgerladen.
Am Ende aber – dies zum Trost für alle Liesen –
Kommt, was von ihnen wiederkehrt,
auch wieder auf die Wiesen!

In der folgenden Moritat (S. 146) geht's deutlich in Richtung Politik:

DEMOKRATIE
Es war einmal ein Dutzend Demokraten,
die fuhren übers Meer – hinüber in die Staaten.
Das heißt: Sie hatten dies durchaus im Sinn.
Doch leider, leider kamen sie nicht hin.

Nun, wollt ihr wissen, wie der Fall sich zugetragen?
– Merkt auf und hört und lasst euch sagen:
Ein Heringsfischer fing dereinst bei Nord-Nordost
Das letzte Sitzungsprotokoll als Flaschenpost!

Und darin stand genauestens zu lesen,
wie alles – bis aufs Haar! – gewesen.
Hut ab vor diesem Manne, sag' ich nur,
wenngleich er – unerklärlich! – sonst für Diktatur!
Doch, was die Demokraten anbetroffen,
so sind aus Überzeugung sie ersoffen.
Nein, nicht aus Zufall, wie ihr vielleicht denkt,
haben ihr Schiff sie auf ein Riff gelenkt!

In den weiteren zehn Strophen packten alle Demokraten unter dem Motto „Freiheit! Gleichheit!" das Steuer und steuerten gemeinsam, bis eine Klippe in Sicht kam. Da berieten sie, ob rechts oder links vorbei, und beschlossen ihre Strategie in „Geheimentscheidung" und je nach „Fraktionsverpflichtung".
Das Resultat: Sechs wollten rechts, sechs wollten links vorbei. Und alle achteten gegenseitig ihre Überzeugungen. Das Steuer blieb dementsprechend auf der Mitte stehen. Die Folge: Das „stolze Demokratenschiff" rammte das Korallenriff.

Spätestens hier merkt man, warum Kremers MORITATEN-Buch im hauseigenen Verlag der Nationalsozialisten erschien, wo auch Hitlers MEIN KAMPF seinerzeit erschienen war: im Verlag Franz Eher Nachf., GmbH, München!

2.5. ROMANE

Fragt man heute nach heiteren Romanen der Nazizeit, wird man meistens erstaunt-vorwurfsvoll angeschaut: „In der Nazizeit *gab* es doch gar keine heiteren Romane!“
Doch. Es gab sie.
Allerdings sind im Vergleich zu der damals erschienenen Anzahl von Sammlungen heiterer Kurzgeschichten verhältnismäßig wenige heitere *Romane* veröffentlicht worden. Lag das an der Düsternis, die von Diktatur und Krieg ausging? Lag es an dem etwas problematischen Verhältnis des Deutschen zum Humor? Aber warum gab es dann eine Fülle von heiteren Kurztexten?

Kein Zweifel, dass auch schon *vor* 1933 erschienene humoristische Romane während der Hitler-Diktatur in den deutschen Büchereiregalen und privaten Bücherschränken standen, sofern ihre Autoren keine Juden waren. Genau so, wie auch die bekanntesten Wilhelm-Busch-Werke von Generation zu Generation weitervererbt wurden.
Aber unter uns Deutschen fand sich kein Autor, der nach dem Ersten Weltkrieg einen BRAVEN SOLDATEN SCHWEJK zustande gebracht hätte. Und *hätte* jemand in Deutschland doch ein so geniales Buch geschrieben, wäre es wahrscheinlich der Bücherverbrennung zum Opfer gefallen.

Einer der bekannten Autoren humorvoller Romane war Heinrich Spoerl. Von Beruf Jurist, veröffentlichte er während der NS-Zeit einige sehr erfolgreiche Unterhaltungsromane: Der bekannteste war DIE FEUERZANGENBOWLE. Eine Lausbüberei in der Kleinstadt. Ein Roman, den fast jeder erwachsene Deutsche kennt, da er bisher mehrere Male verfilmt wurde. Er erschien 1933 und erreichte 1936 schon das vierhundertste Tausend verkaufter Exemplare! (Laut KINDLERS NEUES LITERATURLEXIKON, Bd. 15, S. 843f. hat einen nicht geringen Teil dieses Werkes nicht Spoerl, sondern der satirische Erzähler, Dramatiker und Feuilletonist Hans Reimann geschrieben. Dies kam erst 1959 mit dem Erscheinen von Spoerls Autobiographie MEIN BLAUES WUNDER zutage. Aber gerade die FEUERZANGENBOWLE verschaffte Spoerl einen durchbrechenden Erfolg.)

Der VÖLKISCHE BEOBACHTER, die Zeitung der NSDAP, gab im Klappentext des Spoerl-Buches WENN WIR ALLE ENGEL WÄREN dieses Urteil über die FEUERZANGENBOWLE ab:

> Man kann sagen, dass auch der größte Griesgram dieses Buch nicht lesen wird, ohne in ein herzliches und lustiges Lachen auszubrechen.

Durch diesen Roman wurde Spoerl zu einem der erfolgreichsten Autoren auf dem Gebiet heiterer Unterhaltung während des Dritten Reiches.

Ein kluger Schachzug Spoerls, den außer ihm viele Romanautoren wählten, wenn sie ab 1933 kein Schreibverbot riskieren wollten, war, die Handlungen seiner

Romane in die Vergangenheit zu verlegen. Denn ein gegenwärtiger Hintergrund der Handlung hätte nationalsozialistisch eingefärbt werden müssen.

Weitere heitere Romane Spoerls: DER MAULKORB. 1936 erschienen, hatte er schon bis 1958 eine Auflage von rund einer halben Million erreicht und wurde, was Spoerls andere Werke betrifft, nur von der FEUERZANGENBOWLE überrundet. DER MAULKORB, auch in der NS-Zeit verfilmt, wurde sogar zu einem Bühnenstück umgeschrieben und 1940 mit großem Erfolg im Komödienhaus Berlin gespielt.
In diesem Roman nimmt Spoerl das staubige und in preußischer Hierarchie-Ordnung erstarrte Kleinstadtmilieu auf die Schippe: Das Denkmal des erlauchten Landesvaters trägt eines Morgens einen Maulkorb! Der Staatsanwalt, der dieses „Verbrechen" im Suff begangen hat, sich aber nicht mehr erinnern kann, kommt beim Aufklären des Falles ins Schwitzen.
Auch in diesem Roman hat sich Spoerl in die Vergangenheit zurückgezogen. Sonst hätte auch er ins Schwitzen geraten können. Die NS-Literaturzensoren taten gut daran, diesen Roman nicht zu verbieten, denn er war ein Leserliebling.

Die Romane WENN WIR ALLE ENGEL WÄREN (1936) und DER GASMANN (1940) hatten ebenfalls hohe Auflagen. Alles, was Spoerl schrieb, wurde ihm sozusagen aus den Händen gerissen.

Auch der bekannte Hans Fallada schrieb während der NS-Zeit zwei humorvolle autobiographische Romane: DAMALS BEI UNS DAHEIM (1941), Erinnerungen, und HEUTE BEI UNS ZU HAUS (1943), Schilderung seines damals gegenwärtigen Familienlebens.
Er arbeitete in verschiedenen Berufen (Landarbeiter, Reporter, Verlagsangestellter), bis er freier Schriftsteller wurde. In dieser Eigenschaft war er schon Anfang der Dreißigerjahre mit sozialkritischen Romanen wie KLEINER MANN – WAS NUN? (1932) bekannt geworden. Er schrieb im Stil der Neuen Sachlichkeit. Als Erwachsener litt er unter Alkoholabhängigkeit.
Im Gegensatz zu Spoerl bekam er Probleme mit dem nationalsozialistischen System und zog sich ganz vom öffentlichen Leben zurück. In dieser Zeit schrieb er die beiden oben genannten, heiteren Bücher.

Ehm Welk schrieb ebenfalls in der NS-Zeit zwei heitere Dorfromane mit ernstem Hintergrund: DIE HEIDEN VON KUMMEROW (1937) und DIE GERECHTEN VON KUMMEROW (1943). Nach einem von ihm verfassten kritischen Artikel über Goebbels wurde das sehr erfolgreiche Blatt DIE GRÜNE POST, das er herausgab, für drei Monate verboten, und er musste eine Woche ins KZ Oranienburg.
Nachdem er sich in die Kleinstadt Lübbenau und damit in die „Innere Emigration" zurückgezogen hatte, begann er die KUMMEROW-Bücher zu schreiben. Er durfte sie veröffentlichen, nachdem ihm die Reichsschrifttumskammer die Genehmigung

zum Schreiben *unpolitischer* Bücher erteilt hatte.[108] Beide Romane wurden viel gelesen, erfreuten sich hoher Auflagen.

Diesen drei Autoren begegnet man auch heute noch in den meisten Büchereien und in vielen privaten Bücherschränken.

Nun sollen noch drei weniger bekannte Verfasser heiterer Romane aus der NS-Zeit vorgestellt werden.
In Wien erschien 1940 das Buch von Gottfried Kölwel: DIE HEITERE WELT VON SPIEGELBERG. (Er fasste es mit einem zweiten Buch, DAS TAL VON LAUTERACH, zu dem Werk DER BAYERNSPIEGEL zusammen.)
Es geht darin um einzelne Erzählungen, die alle im selben Ort handeln. Sie sind selbständiger als Romankapitel, aber voneinander weniger getrennt als in sich abgeschlossene Kurzgeschichten. Handelt es sich bei diesem Titel also um einen Roman?
Das Vorwort gibt Antwort:

Spiegelberg ist eine kleine Stadt im Bayerischen. Wer sie auf der Landkarte finden will, mag sie in der Nähe der Donau suchen. Von ihrem frischen Leben, von ihren denkwürdigen Gestalten und Begebenheiten will ich im folgenden erzählen. Hexenglaube, Brautschaft und Hochzeit, Treue und Untreue, Wallfahrt, Habsucht, Übermut, Komödianten- und Abenteuerertum, Liebeslust, Sesshaftigkeit, all das sind nur Ausschnitte, die sich zu einer bunten Einheit ergänzen. So mag dieses Buch nicht bloß als eine Sammlung einzelner Erzählungen, sondern als das Spiegelbild einer in sich gerundeten Welt aufgefasst werden. Es ist eine zuweilen recht turbulente Welt, in der manches Allzumenschliche geschieht. Doch was sich auch ereignet, der dem Bayerischen Volk eigene Humor lässt alles (...) in einem versöhnlichen Licht erscheinen.

Über den Autor ist nichts zu erfahren. Zum Erscheinungsort ist zu sagen, dass Wien schon lange vor der Nazizeit eine besondere Beziehung zu Humor hatte und diese auch zwischen 1938 und 1945 nicht verlor.
Ein kurzer Auszug aus dem Text:

Da wandte sich die Zigeunerin langsam nach allen Seiten, lauernd, ob niemand in der Nähe sei. Marie musste sich rasch bücken und verstecken, aber sie hörte doch genau, was die Zigeunerin zur Sternbäuerin sagte: „Ich habe dieses Brot (...) heute nacht sieben Stunden lang auf meinem Leib getragen, damit es die Kraft der Fruchtbarkeit erhalten habe. Dieses Fett“, fuhr sie fort, griff hierbei mit dem Finger in die Dose und bestrich damit das Brot, „ist das Fett einer 13 Jahre alten Fledermaus. Man musste dieses Tier vom Tage der Geburt an eigens in einem dunklen Käfig aufziehen, um das genaue Alter zu erraten und sie keinen Tag früher und keinen Tag später zu schlachten. Dieses weiße Pulver aber“, erzählte sie weiter und streute dabei bloßes Salz auf das Brot, „ist aus einem heiligen Stein gemahlen, der noch vom alten Tempel in Jerusalem erhalten geblieben ist.“ [109]

[108] Jens, Walter (Hg.): KINDLERS NEUES LITERATURLEXIKON, München 1996, Bd. 17, S. 525.
[109] Kölwel, Gottfried: DIE HEITERE WELT VON SPIEGELBERG. Wien 1940, S.17.

Literarischer Humor dieser Art würde heutige Leser langweilen. Aber damals zwischen 1933 und 1945 war man nicht wählerisch, war dankbar für jede politik- und pathosfreie Ablenkung vom NS-Alltag. Und Bauernromane – entsprechend dem NS-Lob des deutschen Bauern – und die Betonung der volkstümlichen Eigenarten der unterschiedlichen deutschen Provinzen genossen nicht nur die Gunst des NS-Systems, sondern waren auch darüber hinaus „en vogue".

Kutzleb, Hjalmar, schrieb den heiteren Roman MORGENLUFT IN SCHILDA (1933), der in der „Deutschen Hausbücherei Hamburg" als Band 7 der 20. Jahresreihe erschien.
Kutzleb kam aus der Wandervogelbewegung in den Nationalsozialismus und stand überzeugt hinter Hitler. Erst arbeitete er als Lehrer an Gymnasien (Geschichte, Deutsch), dann als Professor an der Hochschule für Lehrerbildung in Weilburg a. d. Lahn. Schon in den Zwanzigerjahren schrieb er DIE SÖHNE DER WEISS-GERBERIN (1925), DIE HOCHWÄCHTER (1927), HAUS DER GENESUNG (1932) – Romane, die aber noch weniger humorvoll geprägt sind als MORGEN-LUFT IN SCHILDA.
Dieses Buch war umstritten. Das geht aus einem Nachwort Kutzlebs hervor:

Nach manchem Buch, das du gemacht,
hat man dir Briefe ins Haus gebracht,
der eine begeistert, der andere krittelt.
Bald wirst du Stümper, bald Meister betitelt.
Schadt nicht. Sie sind dir beide willkommen.
Und hat man dir Schilda auch übelgenommen,
und hat mancher Lober dich missverstanden,
du hast sie ergriffen, bist ihnen vorhanden.
Ob widerwillig, man hat dich verspeist.
Du wirktest, ein Geist, in ihrem Geist.
Ein Bauer bist du, du hast bestellt.
Das Korn geht auf. Gott segne das Feld!

Seiner lieben Hausbücherei
Hjalmar Kutzleb

In MORGENLUFT IN SCHILDA geht es Kutzleb offensichtlich nicht in erster Linie um den Humor, wie der Schluss des im nationalsozialistischem Sinn verfassten Nach-Nachwortes der „Deutschen Hausbücherei" vermuten lässt:

Der Roman MORGENLUFT IN SCHILDA erweist von neuem, dass der Dichter erkannt hat, worum es im deutschen Volke heute geht, und dass er im Leben einer kleinen Stadt dem deutschen Volk einen Spiegel vorzuhalten vermag, der gute und schlechte Eigenschaften sichtbar macht und so zu einer Läuterung führt, der unsere Zukunft gehören muss.

Hier ein Auszug aus Kutzlebs Roman:

Es konnte einem freilich bei solchen sonntäglichen Spaziergängen nach dem Steinbrink widerfahren, dass man auf den Naturheilkundigen aus Hannover nebst Frau und zwei halbwüchsigen

Kindern stieß, wie sie in vorwiegend unbekleidetem Zustande Luftbäder im Stadtwalde nahmen. Irgend jemand hatte, darob verstimmt, seine Missbilligung im Evangelischen Sonntagsblatt laut werden lassen. Weitere abträgliche Folgen hatte das aber gottlob nicht, zumal nachdem ein Freidenker und Anhänger des Nacktsports an auffälliger Stelle in der Volkswacht eine Lanze für Nacktkultur eingelegt und von einem heilsamen Wandel unserer verdumpften und verpfafften Sittlichkeits- und Schicklichkeitsbegriffe gesprochen hatte. Auch ohne die rauhen Ausfälle des proletarischen Nacktkultürlers zu billigen, begriff Schilda doch...[110]

Zum Schluss noch ein heiteres Buch von Karl Springenschmid, Autor aus Tirol, der sich offensichtlich problemlos mit der NS-Ideologie arrangierte. Wahrscheinlich stand er hinter den wichtigsten Anliegen des Nationalismus, zum Beispiel der Betonung des Deutschtums. Aber das tat er nicht mit der Verbissenheit vieler überzeugter Nationalsozialisten, sondern mit Humor. Merkwürdigerweise wird sein Name in Sarkowicz' / Mentzers LITERATUR IN NAZI-DEUTSCHLAND (ein biographisches Lexikon, Berlin / WIEN 2000) nicht genannt, obwohl er während der Nazi-Zeit sehr bekannt war. In vielen Anthologien erschienen Beiträge von ihm, die vor allem wegen ihrer Heiterkeit geschätzt wurden.
Heutzutage ist er – zumindest in Deutschland – völlig vergessen.

Sein Buch TIROL AM ATLANTISCHEN OZEAN[111], das hier vorgestellt werden soll, ist eine Mischung aus Roman und Dokumentarbericht. Der Untertitel heißt: „Gebirgsjäger auf ‚unkriegerischer Kriegsfahrt' durch Norwegen". Es erschien 1941, nach der Besetzung Norwegens, in Salzburg und wurde – das weiß ich aus eigener Erfahrung – in zahlreichen deutschen Tageszeitungen abgedruckt. Auch ich, das damals dreizehnjährige Mädchen, wartete täglich sehnsüchtig auf die Zeitung und verschlang die Fortsetzung des Berichts.
Man erfuhr, dass Springenschmid die Gebirgsjäger auf dem Feldzug begleitet, vor allem die Kameraden Gamsl, Muigg, Pawlitschek, Zott, Jockele und den dazugehörigen Unteroffizier Tschullerer mit Heiterkeit im Auge behalten und seine Eindrücke noch unterwegs stichwortartig notiert hatte. Zurückgekehrt, hatte er dann das Manuskript in druckreifen Zustand gebracht.

Vom 9. bis 30. April 1940 fand die Besetzung Dänemarks und Norwegens statt. Da wurde noch gesiegt. Während der Lektüre des Romanberichts konnte man sich in Siegerlaune aalen. Was im Erscheinungsjahr so neu an ihm war: Trotz des kriegerischen Ambientes und der flatternden Hakenkreuzfahne im Hintergrund tendierte er in Richtung Frieden und Versöhnlichkeit.
Zwei etwas ausführlichere Auszüge, um die Eigenart dieses Textes zu verdeutlichen:

(S. 131f.): Was sie von Lillehammer gehört hatten, war richtig. Es war der schönste Ort, den sie sich denken konnten. (...) Die Engländer hatten sich, wie der Pawlitschek erzählte, eine schöne Gegend ausgesucht, um ihre erste persönliche Bekanntschaft mit den deutschen Soldaten im Krieg zu machen. Aber die große Brücke hatten sie noch vorher gesprengt und mit dem Bahnfahren war

[110] Kutzleb, Hjalmar: MORGENLUFT IN SCHILDA. Braunschweig 1933.
[111] Springenschmid, Karl: TIROL AM ATLANTISCHEN OZEAN. Salzburg 1941.

nun Schluss. Die fünf vom ersten Gewehr bummelten durch den Ort, um sich die Brücke anzusehen, die sie mindestens sieben Tage Marsch kostete.
Wie sie in die Straße einbogen, der Gamsl voran, fuhr an ihnen ein elegantes Auto vorbei und blieb vor dem großen Hotel stehen. Offiziere stiegen aus. Unwillkürlich fuhren die fünf mit der Hand an die Mütze.
„Jessas, der Feind“, sagte der Gamsl.
Tatsächlich, es waren norwegische Offiziere in ihrer grauen, knapp sitzenden Uniform mit den hohen Mützen. Sie dankten flüchtig für den Gruß und stiegen die Stufen zum Hotel hinan. Der deutsche Posten vor dem Eingang klappte die Hacken zusammen und grüßte.
Die fünf vom ersten Gewehr kamen aus dem Staunen nicht mehr heraus.
„Da soll sich einer noch auskennen“, meinte der Gamsl. (...) „Mier fahren mit der Hand an die Kappen, und der Herr Feind dankt gnädig mit zwei Finger. Leut, frag i, wer führt denn da eigentlich Kriag und wer gegen wen?“
Auch der Pawlitschek schüttelte den Kopf. Dann sagte er nachdenklich: „Dieser Krieg ist jedenfalls kein Krieg nicht, wie sonst ein Krieg ist.“ Er sprach hochdeutsch, denn nun wurde er ganz philosophisch. „Man kann auch einen Krieg führen, indem man dem Feinde sozusagen bloß eine Ehrenbezeigung erweist statt zu schießen oder bombardieren, bis dieser begreift, dass damit der Krieg für ihn zu End ist.“ (...)
„Voilà, c'est la guerre!“, und er lachte französisch, der Pawlitschek.
„Red deutsch!“, schrie der Gamsl, „aber wahr ischt es, wo mier hinkemmen, bricht der Frieden aus!“

Hier der Schluss des Berichts. Die sechs stehen vor dem Grab des gefallenen Oberleutnants. (S. 310):

Sie standen lange vor dem Hügel. Es kam ihnen vor, als stünden sie hier für ihre ganze Kompagnie.
„Und hiez ischt Frieden in Norwegen!“ sagte der Gamsl, als wären das die letzten Worte in seinem Gebet.
„Frieden!“ nickte der Tschullerer.
„Und woaßt, Tschullerer, es ischt seltsam, bal i dös sag. Aber es ischt wahr, dös Land da, Norwegen, i hab es so gern kriagt all die Wochen her, die Berg, das Wasser, die Menschen, alles, als wär i da mit an gueten Stuck von mir dahoam.“
„Mier geht's nit viel anders“, sagte der Tschullerer, „und i mein, so ganz weit hinten in der Zeit einmal, da müessen dö beinand gwesen sein, die Tiroler und alle die deutschen Leut und die Norweger. Die Hauptsach ischt, (...) dass ös durchghalten habt. I hab es ja gwisst, wia es gheißen hat, ihr kemmts über die Berg. Leut, hab i gesagt, ehvor einer von dö ummerkimmt über die Berg, ehvor geahn die Engländer weg; denn bal die fünfzehnte Kompagnie kimmt, n a c h e r b r i c h t d e r F r i e d e n a u s.“

Möglicherweise wurde ihm nahegelegt, dass er die Norweger in diesem Bericht nicht unsympathisch darstellen sollte. Denn für die Nazis waren sie ein germanisches Volk, das heißt, hinsichtlich der „nordischen Rasse“ ein Brudervolk, dessen Freundschaft man suchte.
Aber auch in anderen Springenschmid-Texten geht es menschlich zu, hört man geradezu die Herzen klopfen. Schreibt dieser Autor so, weil er erst Mensch und dann erst Nazi ist?

2.5. KINDERLITERATUR

Kinderhumor ist ja etwas anderes als Humor von Erwachsenen. Um diesen Unterschied deutlich zu machen, braucht man nur an Hoffmanns berühmten STRUWWELPETER zu denken. Erwachsene amüsieren sich über diese skurril-pädagogischen Bildtexte. Kinder empfinden Entsetzen hinsichtlich des abgeschnittenen Daumens und erleben die Geschichte vom brennenden Paulinchen als tragisch. Auch vieles aus MAX UND MORITZ finden sie absolut nicht zum Lachen: Sie amüsieren sich über die Streiche der beiden Lausejungen, haben aber allergrößtes Mitleid mit den Buben, wenn sie in der Mühle zermahlen werden.

NS-Humor für Kinder? In den offiziellen Jugendzeitschriften DEUTSCHE JUGENDBURG[112] und HILF MIT![113] wurde nur wenig Humoristisches angeboten. Natürlich enthielten die vielen NS-Konjunktur-Jugendbücher, die von Sommerlagern, Fahrten, Dienst in den Jugendorganisationen usw. berichteten, auch heitere Szenen, die sich z.B. durch ein zusammengebrochenes Zelt oder einen versehentlichen Tritt in einen Kuhfladen ergeben. Aber man merkte die Absicht und war verstimmt.

1936 erschien ein Bilderbuch für die Vorschul- und Grundschulkinder im Stürmer-Verlag, das durch Komik enthaltende, ganzseitige bunte Bilder auf heitere und unterhaltende Weise die minderjährigen Betrachter zu Antisemiten erziehen sollte: Elvira Bauers berüchtigtes Bilderbuch TRAU KEINEM FUCHS AUF GRÜNER HEID, TRAU KEINEM JUD BEI SEINEM EID[114] Auf S. 8 steht in Sütterlinschrift zu lesen:

Die Deutschen – die und weichen!
Da müsst Ihr mal vergleichen
den Deutschen und den Jud.
Beschauet sie euch gut,
die beiden auf dem Bilde hier.
Ein Witz – man möcht es meinen schier;
Denn man errät es ja ganz leicht:
Der Deutsche steht – der Jude weicht!

Auf der gegenüberliegenden Seite sieht man einen gutgebauten deutschen Mann in langen Hosen und nacktem Oberkörper, blond, mit nordischem Profil, einen Spaten in der Hand. Unübersehbar sind die Arbeitsmuskeln an den Armen.
Der nebenstehende, zu diesem Bild gehörende Text könnte Heiterkeit bewirken, enthielte er nicht so pauschalisierende und unhaltbare Behauptungen:

---

[112] Nationalsozialistischer deutscher Lehrerbund (Hg.): DIE DEUTSCHE JUGENDBURG. Berlin. Monatlich erscheinend (für 8 – 11jährige).
[113] Nationalsozialistischer deutscher Lehrerbund (Hg.): HILF MIT! Berlin. Monatlich erscheinend (für 12 – 17jährige).
[114] Bauer, Elvira: TRAU KEINEM FUCHS AUF GRÜNER HEID, TRAU KEINEM JUD BEI SEINEM EID. Nürnberg 1936.

Der Deutsche ist ein stolzer Mann,
der arbeiten und kämpfen kann.
Weil er so schön ist und voll Mut,
hasst ihn von jeher schon der Jud.

Daneben wird das Bild „des" Juden gezeigt: klein, dick, rundköpfig, mit krummer Nase, Glatze, scheelem Blick, abstehenden Ohren, Zigarre im Mund, Aktentasche unter dem Arm. Aus seiner Jackentasche ragt eine Zeitung mit dem Wort BÖRSE. Zu dieser bunten Zeichnung gehört der Text, der sich hier in seiner Verruchtheit noch steigert:

Dies ist der Jud, das sieht man gleich,
der größte Schuft im ganzen Reich!
Er meint, dass er der Schönste sei,
und ist so hässlich doch dabei!

Während man dieses Bilderbuch betrachtet, muss man im Hinterkopf behalten: Es sollte heiter wirken!
Ja – man kann sich durchaus vorstellen, dass Kinder hier lachen: Wie kann sich einer, der so hässlich-komisch aussieht, nur einbilden, schön zu sein!
Auf S. 41 zeigt ein ganzseitiges, buntes Bild (auch alle Illustrationen wurden von Elvira Bauer gezeichnet) einen Schulhof, von dem gerade eine Gruppe jüdischer Kinder mit ihren Eltern – natürlich alle hässlich – abzieht, begleitet von höhnischem Gelächter und Spottgebärden der blonden deutschen Kinder. Offensichtlich sollte mit diesem Bild besonders große Heiterkeit geweckt werden. Schadenfreude!

Für uns Heutige hat Bauers „Kinderbuch" mit Humor nichts zu tun. Es löst entsetztes Kopfschütteln aus.
Gerechterweise muss man darauf hinweisen, dass es auch im NS-Deutschland von offiziellen Stellen nicht gewürdigt oder angepriesen wurde. Man überließ es der Initiative einzelner überzeugter antisemitischer Eltern, Lehrer oder Büchereileiter, dieses Buch anzuschaffen. Immerhin erreichte es eine Auflage von 80.000!

Ein erstaunlich lockeres und humorvolles Buch für Kinder im Grundschulalter, Hans Watzliks RIDIBUNZ[115], erschien schon 1927, wurde aber auch während der NS-Zeit viel gelesen. Das mag daran gelegen haben, dass Hans Watzlik, ein sudetendeutscher, deutschnationaler Schriftsteller, der in seinen Romanen überwiegend das Deutschtum seiner Heimat beschrieb, im NS-Deutschland einen guten Namen besaß und seinerseits offensichtlich nichts dagegen hatte, auf der Konjunkturwelle des NS-Systems mitzureiten. Laut dem Verzeichnis der KINDER- UND JUGENDLITERATUR 1933 – 1945[116] gab es in diesen zwölf Jahren acht Watzlik-Kinderbücher auf dem deutschen Buchmarkt. Sein RIDIBUNZ erhielt während dieser Zeit viele lobende Besprechungen und wurde empfohlen, unter anderen von

[115] Watzlik, Hans: RIDIBUNZ, Köln 1927.
[116] Hopster, Norbert / Josting, Petra/ Neuhaus, Joachim: KINDER- UND JUGENDLITERATUR 1933 – 1945. Ein Handbuch. Bd. 1. Stuttgart/ Weimar 2001, S.1282f.

„Auswahl guter Jugendschriften", 1933, 1934, 1935;
„Das Jugendbuch im Dritten Reich", 1933;
„Das Buch d. Jugend" 1934/35, 1935/36, 1936/37, 1937/38, 1938/39, 1939 /40, 1940/41, 1941/42;
„Grundliste für Schülerbüchereien an Volksschulen" 1939;
„Jugendschriftenwarte" (Karteiteil) 1935;
„Deutsche Bücher" 1938, 1939, 1940.[117]

Nach 1945 tauchte Hans Watzlik zusammen mit anderen erfolgreichen Schriftstellern der NS-Zeit in den Verlagen des Dr. Herbert Fleissner wieder auf.[118]

In RIDIBUNZ – Untertitel „Eine Lügenmäre", auch „Eine phantastische Geschichte" – begegnet man weder NS-Indoktrinierungsversuchen noch der Verherrlichung alles Deutschen. Die Geschichte würde heute wahrscheinlich in die Kategorie „Fantasy" eingeordnet werden.
Sie handelt von der Wanderschaft des Ich-Erzählers, der Ridibundus Ridibunz heißt und – nach den Zeichnungen zu urteilen – etwa 13 bis 14 Jahre alt ist, als er sein Heimatdorf Schnappautz neben dem Städtchen Langweil verlässt, um einen Ort namens Wurmloch zu suchen und sich dort auf der Kristofferbrücke einzufinden. Es wird eine Wanderung durch die Welt und durch unzählige Abenteuer. Einige Auszüge:

(S. 5f.) Mein lieber Herr Vater tutete oft das Horn, er war nämlich der bestallte Hirt des freien Reichsdorfes. Es kam ihm sehr zustatten, dass er immer nur mit der einen Hälfte des Gesichtes schlief, indes die andere wachte. So konnte er während des Mittagsschläfleins Strümpfe stricken und ein sorgsames Auge über die Herde halten, und darum geschah es nur selten, dass ihm der Wolf eine seiner Geißen von hinnen trug. Wegen seines halben Schlafes halste man ihm noch andere wichtige und beschwerliche Ämter auf, so war er auch Nachtwächter, Glöckner, Messner und Bürgermeister von Schnappautz ...

Unterwegs erlebt er tausend Freuden, Überraschungen, Irrtümer und Ängste:

(S.36) Als ich wieder ein Stündlein muttersallein durch die Wildnis getrabt war, fürchtete ich, ich liefe zu weit und könnte aus der Welt hinaus laufen, und so kehrte ich schnell um. Zu meiner Freude fand ich eine Erdbeere, die war so groß, dass ich sie vierteilen musste, damit ich sie in meinen dachshäutenen Ranzen hineinbrachte, und ich sättigte mich weidlich daran und stapfte gemachsam Fuß für Fuß den Weg weiter.
Bald stak ich in einem düsteren Waldgraben, dort trillerten die Raben ganz grässlich, und hin und wieder bleichte eine Menschenrippe dort...

Nach langem Suchen findet Ridibunz Wurmloch mit der Kristofferbrücke – und sein Glück. Reich an Lebenserfahrung kehrt er heim. Nachdem er und seine Annasibill geheiratet und die vielen tausend Taler des gefundenen Schatzes auf der

---

[117] Hopster, Norbert / Josting, Petra / Neuhaus, Joachim: KINDER- UND JUGENDLITERATUR 1933 – 1945. Ein Handbuch Bd. 1. Stuttgart /Weimar 2001, S. 1282.
[118] Sarkowicz, Hans / Mentzer, Alf: LITERATUR IN NAZI-DEUTSCHLAND. Ein biografisches Lexikon. Hamburg / Wien 2000, S. 58.

Wiese ausgebreitet haben, um sie zu sonnen, wünschen sich plötzlich beide gleichzeitig, der Talerhaufen möge als lebendiger Lerchenschwarm aufschwirren. Das tut er und tiriliert hoch am Himmel: „Nur du! Du! Du! Du!“
Und nun der Schluss:

(S. 191) Schließlich kam das Allerschönste.
Die Annasibill und ich stiegen in eine große, mit aller Pracht und Bequemlichkeit ausgestatte Seifenblase. Schön war sie wie ein riesiger Tautropfen, doch frei von irdischer Schwere. Und die Welt sank sanft unter uns zurück, die Welt, die mit Rosen und rotem Klee zu unserer ewigen Lust geziert war, ganz fern verklang das Tanzglöcklein, und über uns lag die Sonne wie ein schöner, goldener Klecks am blauen Himmel. Tausend erlöste Lerchen geleiteten uns.
Und wir schwebten.

Dieses Buch enthält unzählige Stellen, an denen Kinder in Gelächter ausbrechen. Leider muss man hin und wieder die altertümelnde Ausdrucksweise erklären, die sich als recht lästig erweisen kann. Aber Kinder nehmen derlei Hürden in Kauf, nur um Stellen wie das zweihälftige Gesicht von Ridibunz’ Vater oder die riesige Erdbeere oder die hochschwirrenden Taler mit einem Gelächter genießen zu können.
Auch haben sie keine Probleme mit Watzliks Tendenz, sich nicht nur dem Kitsch zu nähern, sondern oft auch tief in ihn einzutauchen. (Walter Killy nimmt in seinem Buch DEUTSCHER KITSCH darauf Bezug, allerdings nicht im Zusammenhang mit Watzliks Kinderbüchern.)[119]
RIDIBUNZ: Eine heitere Kinderinsel im Meer des nationalsozialistischen Ernstes.

2.7. THEATER

Das Gebiet des Theaters soll hier nur kurz gestreift werden.
Es ist kaum zu glauben: Curt Goetz’s Lustspiel DR. MED. HIOB PRÄTORIUS erschien 1934, und seine Komödien, soweit schon entstanden, feierten in der NS-Zeit triumphale Erfolge auf deutschen Bühnen!
Schon vor 1933 entstandene Lustspiele, u.a. Heinrich von Kleists DER ZERBROCHENE KRUG oder Gerhard Hauptmanns BIBERPELZ, wurden auch in der Nazi-Zeit oft ins Programm genommen.
Im Jahr 1937 führte das Frankfurter Schauspielhaus zum Beispiel ALT-FRANKFURT auf, „Lokalschwank in acht Bildern“ von Adolf Stoltze (1842 – 1933). Ort der Handlung: Abwechselnd in Frankfurt am Main und Sachsenhausen. Zeit: Vor 1866. Die Uraufführung dieses Stückes fand schon 1887 statt. Offenbar kam es beim Publikum immer wieder an. Zur Aufführung im Jahr 1922 schrieb Stoltze einen „Vorspruch“ in Frankfurter Mundart. Davon die letzten acht Zeilen:

Der scheene Zeit sin mir entrickt,
Uns bleibt nor des Bestrewe,
Was unser Ahne einst beglickt,
Als Schauspiel zu erlewe.

[119] Killy, Walter: DEUTSCHER KITSCH. Ein Versuch mit Beispielen. Göttingen 1962, S. 20f.

Schon oft ward es Euch vorgefihrt,
Von Eurer Gunst getrage,
Aach heut erscheint's, neu einstudiert,
Meg's widder Euch behage! –[120]

Waldemar Kramer, der Verfasser des Nachworts (geschrieben 1962), berichtet von 350 Aufführungen bis dahin! Es lässt sich daraus schließen, dass auch 1937 viele Aufführungen stattfanden.
Hier ein kurzer Auszug aus dem 1. Bild (Spezereiladen):

Schusterjunge *(einen großen Zuber über den Hinterkopf gestülpt, kommt):*
For sechs Heller Regewasser, die Maastern hat groß Wäsch.

Heinrich: Der Zuwwer kost jetzt zwaa Kreuzer...der Rege is uffgeschlage.

Schusterjunge: In Bernem krieht mern for finf Heller.
Heinrich: Holt en euch dort; mir schitte aach kaa Pumpewasser drunner.
Schusterjunge: Wer waaß, was ihr drunner schitt.

Heinrich: Mächste, dass de enauskimmst, Lausbub!

Schusterjunge ab.[121]

Hans Christoph Kaergel, ein in schlesischem Brauchtum und schlesischer Lebensweise wurzelnder, in der NS-Zeit vielgelesener deutschnational eingestellter Schriftsteller, schrieb das heitere Stück HOCKEWANZEL (1934). Es erlebte während der NS-Zeit mehrere Auflagen. (Der „Hockewanzel", eigentlich Wenzel Hocke, ist eine – historische – spaßige Figur aus den Sudetengebirgen.) Auf diese Komödie – sie erlebte während der NS-Zeit mehrere Auflagen, und es ist deshalb davon auszugehen, dass sie auch aufgeführt wurde – weist 1942 der Jenaer Eugen Diederichs Verlag in dem kleinen Buch hin, das Kaergels Erzählung PEREGRIN SEIDELMANN enthält.

Einen weiteren Beweis dafür, dass damals auch Heiteres auf deutschen Bühnen zu sehen war, liefert die ERIKA-Wochenzeitung („Die frohe Zeitung für Front und Heimat") Nr.3, Januar 1940. Im zweiseitigen Artikel „Varieté und Theater in Berlin – Ein Ratgeber für Urlauber" (S. 38 /39) wird das Berliner Bühnen-Unterhaltungsprogramm (mit entsprechenden Fotos) vorgestellt. In der Einführung heißt es:

...Die Mehrzahl der Urlauber wird von dem Wunsch beseelt sein, sich zu unterhalten und aus vollem Herzen zu lachen. Das Bekenntnis zum Humor, zu Schönheit und guter Laune war deshalb auch der Wegweiser für diese Übersicht.

---

[120] Stoltze, Adolf: ALT-FRANKFURT. Lokalschwank in acht Bildern. Frankfurt/M 1962, S. 8.
[121] Ebenda, S. 11.

Hier das Programm und dessen Beschreibung. Es wird nicht wenigen Fronturlaubern zu einer alternativen Urlaubsgestaltung gedient haben. Zu Hause wollte man lachen!

Theater am Kürfürstendamm:
„Sie hat natürlich recht" ist der Titel dieses neuen Lustspiels – was bei Grethe Weiser nicht wundernimmt. Ihr Partner: Hans Zesch-Ballot.

Komödienhaus:
„Der Maulkorb" feiert nun – nach seinem großen Bucherfolg und seiner Verfilmung mit Ralph Arthur Roberts – im Theater mit Georg Alexander fröhliche Auferstehung.

Lessing-Theater:
Die Zwerchfell-Apparatur gerät förmlich in Unordnung, wenn Ludwig Manfred Lommel (Hier mit Gisela Schlüter als Sängerin) hinter Schläfrigkeit und Gähnen seine Heimlichkeiten vor der Familie zu verbergen sucht....in dem Stück „Der müde Theodor".

Admiralstheater:
Mit Maria Sazarina als leichtfüßige Solotänzerin inmitten eines reizenden Balletts wurde aus Millöckers Operette „Der arme Jonathan" ein fast neues Spiel mit hochdramatischen Liebeskonflikten, an denen Rudi Godden als Jonathan und Lizzie Waldmüller den Hauptanteil haben.

Wintergarten:
Marita Gründgens – eine der wenigen Schauspielerinnen, die die große Kunst des Chanson-Vortrags beherrschen.

Scala:
In der neuen Revue „Scala ganz verrückt" gilt die Bewunderung einer Parade schöner Frauen, die vorher der witzige Ansager Hellmuth Krüger dem Publikum vorstellt.

Deutschlandhalle:
Eine Glanzleistung inmitten der zirzensischen Schau: Chester Dyk, Radfahr-Artist. Pomi und Partnerin demonstrieren jeden Abend einzigartige Körperbeherrschung. „Das ungezähmte Zebra" hingegen ist eine Attacke auf die Lachmuskeln der Zuschauer.

In diesem Bericht wird auch darauf hingewiesen, dass das **Theater des Volkes** (bekannt als ‚das Theater der 3000') Zellers Operette „Der Vogelhändler" im Programm hat und im **Metropol-Theater** seit Monaten die Ausstattungsoperette „Die oder Keine" vor ausverkauftem Hause läuft. Auch das **Kabarett der Komiker** bietet ein buntes Programm an. Aus naheliegenden Gründen wird den Urlaubern das Stavignus-Ballett (Foto) in der Kleinkunst-Revue „Bitte weitersagen" vorgestellt. Solisten des Programms: Rosita Serrano, Peter Igelhoff, Loni Häuser.

Ein guter Teil der in dieser Zeit in Deutschland dargebotenen Schauspiele hatte allerdings die Aufgabe, die NS-Ideologie zu transportieren, z. B. Hans Johsts unsäglich pathetisches Stück SCHLAGETER. Darin hatte Humor – nach Meinung der NS-Funktionäre – natürlich nichts zu suchen.

In der Zeit des Nationalsozialismus wurde im Bereich Theater neben dem Weihespiel und dem Sprechchor vor allem das Laienspiel sehr gefördert. Während Thing- und Weihespiele wie auch Sprechchöre aus ihrem Anliegen heraus todernst, feierlich und würdevoll sein mussten und meistens die grundsätzlichen Botschaften der nationalsozialistischen Ideologie beinhalteten, durfte das Laienspiel, vor allem als Schwank, heiter und humorvoll sein. Da war Gelächter erlaubt! (Hans Sachs' Schwänke erlebten in der NS-Zeit eine erstaunliche Renaissance!)

Es gab mehrere Verlage, die sich ganz oder zu einem guten Teil ihres Programms der Herausgabe von Laienspielen widmeten. Dazu gehörte auch der Chr. Kaiser Verlag, München. In diesem Verlag gab Rudolf Mirbt, Mitbegründer und einer der Hauptträger der Laienspielbewegung, von 1923 bis 1936 die MÜNCHENER LAIENSPIELE heraus. Darunter 1933 (Heft 9) das „Ritter-Schauer-Drama" BLUT UND LIEBE von Martin Luserke, der wie Mirbt aus der Jugendbewegung kam und zahlreiche Laienspiele verfasst hatte.

Aus dem Vorwort (1933) erfährt man, dass BLUT UND LIEBE schon vor 20 Jahren, also 1913 entstand. Aber es wurde auch in der NS-Zeit sehr oft gespielt. Es passte den Nazis ins Konzept, weil es ganz unverhüllt Antisemitismus transportierte. Obwohl man zugeben muss, dass diese Komödie sehr witzig ist, vergeht dem heutigen Leser bei der Lektüre ihrer antisemitischen Passagen das Lachen.

Die Personen: Der bärbeißige Ritter Wolf von Wolfseck / Seine Hausfrau / Thusnelda, seine Tochter / Kuno, der alte Hausknecht / Dietlein, der faule Edelknabe / Wonnebräu, der empfindsame Schreiber / Roderich von Löwenklauenstein, der Heldenjüngling / Eduard, sein alter Knappe / Der Jude / Die weiße Frau, Hausgespenst auf Burg Wolfseck / Die schwarze Frau, Hausgespenst auf Burg Löwenklauenstein.

Eine Passage aus BLUT UND LIEBE (S. 14f.):

Roderich:
Ich liebe sie, du roher Mann!

Ritter Wolf:
Was gehen mich Gefühle an?

Wonnebräu, *voller Gift an die Wand geklebt gestikulierend:*
Der Herr von Löwenklauenstein
Trank heut wohl extra starken Wein?

Roderich *zieht das Zweihänderschwert:*
Du Schreiberseele, Tintenspion,
gleich hast du deiner Frechheit Lohn.
(Er haut in den Tapetenriss.)

Thusnelda:
Hier steht's, hier steht's im Wandbehang!
Mein Herz des Löwen Hand bezwang.

Ritter Wolf:
Ein Mordversuch in meinem Haus!
He, Kuno, wirf den Kerl hinaus!
(Handgemenge.)

Die Frau:
Allmächtiger! Zu Hilfe! Halt!

Roderich *ersticht Kuno:*
Elender Knecht, jetzt bist du kalt.

Jetzt eine Passage mit dem Juden (S. 39):

Burgverließ auf Löwenklauenstein. Der Jude rasselt wimmernd mit den Ketten.

Knappe Eduard *erscheint hoch oben mit einer Laterne:*
He, alter Rabe, krächzt du wieder?

Der Jude:
Des Unglücks einz'ger Balsam sind die Lieder.

Knappe Eduard:
Halt's Maul, Kamel, nicht lamentiert!

Der Jude:
Nu, sei doch nicht so reserviert!
Ein bisschen Unterhaltung ist
Bedürfnis doch bei Jud und Christ.

Knappe Eduard:
Mein Herr wird gleich geruh'n herabzusteigen,
sollst deine Kunst als Arzt ihm zeigen.
(Er steigt herab und macht ihn los.)
Wie's richtig heißt, dass selbst der blindste Hahn
Mit einem Mal ein Körnchen finden kann.

Der Jude, *als die Kette fällt:*
Nu liegt sie da – Herr Knappe, ich will hoffen,
Es ist nicht etwa Lösgeld eingetroffen!

Knappe Eduard:
Zweihundert Gulden mehr, als wir gefordert.
(Der Jude fällt ohnmächtig um.)
So wird der Mensch von seinem Geiz gemordet.

Roderich *erscheint oben:*
Gib acht, der Knabe kommt. *(Wirft Dietlein herab.)*

Knappe Eduard:
Nun, das tat krachen.

Roderich *steigt hinab und spricht dann:*
Der Jude kann's ja gleich im Ganzen machen.
(Er gibt dem Juden einen Fußtritt.)
Steh auf, verdammter Judenhund
Und mach den Knaben hier gesund.

Der Jude *untersucht Dietlein:*
Nu, sehn wer ßu! Sind böse Sachen.
Unter zwölf Gulden nicht zu machen.

Roderich:
Dich noch bezahlen, krumme Judennase?
Sei froh, wenn ich dir's Leben lasse!

Da sich viele Zuschauer damals an antisemitischen Szenen nicht stießen, weil die Judenhetze alltäglich war, werden sie an diesem Stück ihren Spaß gehabt haben.

Auf den letzten Seiten von BLUT UND LIEBE ist das Gesamtverzeichnis der Münchener Laienspiele aufgelistet und geordnet:
16 Spiele „deutscher Volkheit“,
21 Legenden- und Biblische Spiele,
15 Advents-, Weihnachts- und Passionsspiele,
13 Sagen- und Märchenspiele,
30 heitere und groteske Spiele!

Auch auf den beiden Umschlag-Innenseiten werden witzige Laienspiele angeboten, darunter die RÜPELKOMÖDIE aus dem Sommernachtstraum von William Shakespeare, für das Laienspiel szenisch bearbeitet.

2.8. FILME
Gerade auf dem Gebiet der Filmproduktion in der NS-Zeit stößt man auf viel Humorvolles. Zu Beginn der NS-Diktatur scheint das aber so nicht geplant gewesen zu sein. Als Hitler die Regierung Deutschlands im Januar 1933 übernahm, änderten sich viele Bedingungen für die deutsche Filmproduktion.

Goebbels hatte schnell erkannt, dass dieses neue Medium große Chancen für die Indoktrinierung des Volkes im Sinne der NS-Ideologie bot. Zahlreiche Eingriffe des NS-Staates in die deutsche Filmindustrie erfolgten. Zum Beispiel wurden alle politisch und rassisch unerwünschten Mitarbeiter aus der deutschen Filmindustrie entlassen. Die Filmfirmen wuchsen zum UFA-Filmkonzern zusammen. Filme wie „Hitlerjunge Quex“ oder „Jud Süß“ entstanden.

Aber sehr bald änderte Goebbels' Propagandaministerium hinsichtlich des Mediums Film seine Taktik aus rein pragmatischen Erwägungen. Dazu schreibt Eberhard Mertens, Herausgeber des Fotobandes DIE GROSSEN DEUTSCHEN FILME (Untertitel: Ausgewählte Filmprogramme 1930 – 1945) in der Einführung:

Die Filmindustrie in Deutschland war dennoch ein wirtschaftliches Unternehmen und lebte vom Erfolg der Filme im Ausland. Hier konnten also Propagandastreifen schlecht verkauft werden. Die Filme mussten auch ihr Geld einspielen, und so waren die einzelnen Produktionen am Erfolg im In- und Ausland zu messen. (...)
Übersieht man die Filmproduktion dieser Jahre – und es ist eine ungeheure Zahl von Filmen, die die deutschen Studios verließen - , so überwiegt hier der unpolitische Unterhaltungsfilm mit der eigentlich politischen Aufgabe ihrer beabsichtigten Tendenzlosigkeit. Die politische Gegenwart, und sei es nur ein Hitlerbild oder eine Hakenkreuzfahne, war absolut aus diesen Filmen verbannt.[122]

In dieser gelockerten Atmosphäre entstanden neben ernsten auch zahlreiche heitere Filme wie „Der Optimist", „Die Umwege des schönen Karl"„„Der Florentiner Hut", „Mein Mann darf es nicht wissen", „Das himmelblaue Abendkleid", „Leichte Muse", „Sommer – Sonne – Erika", „13 Stühle", „Quax der Bruchpilot" und natürlich „Der Maulkorb" und „Die Feuerzangenbowle". (Auch „Der Biberpelz", Komödie von Gerhart Haupt-mann, wurde verfilmt, mit Ida Wüst als Mutter Wolffen.) An diesen heiteren Filmen hatten nicht nur die jungen Leute ihre Freude, sondern auch die konservativsten Senioren jener Zeit sahen sie gern. Und in den letzten von Trauer, Ängsten und schwindender Hoffnung durchtränkten Kriegsjahren war man natürlich besonders dankbar für Heiteres.

Es gab Filmschauspieler wie Grethe Weiser, Hans Moser, Theo Lingen, Heinz Rühmann, die allein schon durch die Nennung ihrer Namen (Film)-Humor garantierten.

Grethe Weiser (27. 2. 1903 – 2. 10. 1970):
Film- und Bühnenschauspielerin und Kabarettistin. Spielte mit volkstümlich-drastischer Ausdrucks- und Darstellungskraft in zahlreichen Filmen, darunter „Die göttliche Jette" (1937), „Familie Buchholz" (1944).[123]

Hans Moser (6. 8. 1880 – 19. 6. 1964):
wurde von M. Reinhardt als Komiker engagiert. Bekannt wurde er durch Filmkomödien, z.B. „Burgtheater" (1937), „Das Ekel" (1939), „Anton, der Letzte" (1939), „Opernball" (1939), „Wiener Blut" (1942). M., im Film meist in Dialektrollen, zählte zu den beliebtesten Volksschauspielern Österreichs.[124]

---

[122] Mertens, Eberhard (Hg.): DIE GROSSEN DEUTSCHEN FILME. Ausgewählte-Filmprogramme 1930 – 1945. Hildesheim / Zürich / New York 1995, S. IXf.

[123] BROCKHAUS ENZYKLOPÄDIE in 24 Bd., 20. Aufl. Mannheim 1996 - 1999, Bd. 23, S. 691.

[124] Ebenda, Bd. 15, S. 156.

Theo Lingen (10. 6. 1903 – 10. 11. 1978):
deutsch-österreichischer Schauspieler, Engagements u.a. in Berlin. Bekannter Charak-terkomiker, populärer Filmschauspieler, („Im weißen Rössl“, 1935, „Opernball“, 1939, „Johann“, 1943). Auch Regisseur, v.a. von Filmen („Frau Luna“, 1941).[125]

Heinz Rühmann (7. 3. 1902 – 3. 10. 1994):
Engagements (ab 1920) u.a. an den Münchner Kammerspielen, am Deutschen Theater und am Preußischen Staatstheater (1938 – 1943) in Berlin. Durch seine Filme (ab 1926) beliebter Komiker und Charakterdarsteller; auch Regisseur und Rezitator; Fernseh-rollen. Filme: u.a. „Der Mustergatte“ (1937); „Quax, der Bruchpilot“ (1941); „Die Feuerzangenbowle“ (1944).[126]

Wenn man heutzutage Senioren des Jahrgangs 1930 oder früherer Jahrgänge nach heiteren Filmen oder Filmkomikern der NS-Zeit fragt, erhellen sich die Gesichter der meisten Befragten, und sie wissen zu antworten. Filme waren damals Ereignisse und Erlebnisse!

Filmschaffende genossen in der NS-Zeit besondere Privilegien:

„jüdisch versippte“ Schauspieler oder solche mit teiljüdischer Abstammung erhielten Sondergenehmigungen für ihre Arbeit; ein verfemter Schriftsteller wie Erich Kästner durfte das Drehbuch für „Münchhausen“ (1942) schreiben.[127]

Auch über die ganz kurzen „Tran und Helle“-Filme, wöchentlich neu, freute man sich, obwohl sie, wie man sehr wohl merkte, dem Zeigefinger des NS-Systems dienten: Jeder Film sollte durch Tran, den Meckerer, eine falsche Verhaltensweise oder irrige Meinung des deutschen Durchschnitts-Volksgenossen zeigen. Helle griff ein und brachte Tran stets durch Überzeugung und Ermahnung zu einer Korrektur seiner Einstellung. Alles auf humorvolle Weise, versteht sich.
Man *mochte* die beiden Typen: Tran, der ewige Meckerer, wurde von Ludwig Schmitz, Helle, der Vernünftige, von Jupp Hussels dargestellt. Sowohl Hussels wie auch Schmidt waren populäre Humoristen.

In der Wochenzeitschrift ERIKA („Die frohe Zeitung für Front und Heimat“), Heft 11, März 1940, war über diese Beiden zu lesen:

Schallendes Gelächter im Lichtspielhaus. Worüber? Natürlich über Ludwig, der sich mal wieder restlos vorbeibenommen hat. – Schnell sind Tran und Helle Lieblinge des Kinopublikums geworden. Auf welchem Schleichweg wird man ihnen diese Woche begegnen? ...ja, ja, auf welchem Schleichweg diesmal...so denken auch die Herren Dramaturgen, die gerade daran sind, für die nächste Woche wieder etwas ganz Neues auszuknobeln. Wer hat eine Idee dafür...? (...)
Aus Zehntausenden von Briefen mit Vorschlägen geht hervor, dass ganz Deutschland an diesen Minutenfilmen mitarbeitet. Wussten Sie überhaupt schon, wer es war, der dieses Paar in den

---

[125] BROCKHAUS-ENZYKLOPÄDIE IN 24 Bd., 20. Aufl. Mannheim 1996 – 1999, Bd. 13, S. 438.
[126] Ebenda, Bd. 18, S. 610.
[127] Bedürftig, Friedemann: LEXIKON DRITTES REICH, Hamburg 1994, Tb-Ausgabe München 1997, S. 110f.

ersten Kriegswochen erfand? – Es sei hier verraten, dass der Einfall von den Schülern der Deutschen Filmakademie stammt.[128]

Allerdings wurde die Produktion dieser Filme nach einiger Zeit wieder eingestellt, weil man im zuständigen NS-Ministerium merkte, dass ein großer Teil des Publikums sich mit Tran, dem Meckerer, identifizierte. Das entsprach natürlich nicht dem Ziel des NS-Systems.

Auch im ab April 1935 angebotenen öffentlichen Programm des noch im Anfangsstadium befindlichen Fernsehsenders Berlin[129] gab es Humor. Man konnte es den Radioprogramm-Zeitschriften wie der HIER BERLIN entnehmen. Die tägliche Sendezeit beschränkte sich auf etwa 135 Minuten.
Anfangs fanden die Übertragungen nur abends statt. Während der Kriegsjahre begann die Sendezeit um 17,00 h. Das jeweilige Tagesprogramm endete mit der „Wochenschau" von 19,00 h bis ca. 19,15 h.
Man konnte die Sendungen nur von 15 Standorten Berlins und Potsdams aus sehen. Deren Adressen sollen hier angegeben werden, um bewusst zu machen, dass viele Berliner (jeden Alters) für eine Prise Humor auch längere Wege auf sich nahmen, zumal dieses Vergnügen kostenlos angeboten wurde:

Die öffentlichen Fernsehstellen:
W 30, Geisbergstr. 7 – 9
W 66, Leipziger Str. 50 (Großbildstelle für 120 Personen)
Charlottenburg 1, Berliner Str. 62
Charlottenburg 9, Haus des Rundfunks
Schöneberg 1, Hauptstr. 27
Steglitz 1, Bergstr. 1
Neukölln, Richardstr. 119
Lichtenberg, Dottistr. 12
Pankow, Wollankstr. 134
Postamt NW 21, Turmstr. 23 (Großbildstelle für 200 Personen)
Friedrichstr. 110 (Haus der Technik) Zoo,
Hardenbergstr.29, Ecke Kantstraße
Postamt R 65, Gerichtstr. 50 - 51[130]

Im Fernsehprogramm (z.B. vom 9. bis 15. Februar 1941) lässt sich zur Kategorie „Humor" zählen:

Sonntag: 17,00 h Jugendsendung „Till Eulenspiegel". Ein Schelmenspiel von Guido Goroll. (15 min.)

Montag: 17,00 h „Herzen auf Urlaub", ein musikalisches Lustspiel von Peter Arnolds.(70 min.)

Dienstag: noch einmal „Herzen auf Urlaub".

---

[128] ERIKA. Die frohe Zeitung für Front und Heimat. März 1940 Nr. 11, S.147.
[129] BROCKHAUS ENZYKLOPÄDIE in 24 Bd., 20. Aufl. Mannheim 1996-1999, Bd. 7, S. 224.
[130] HIER BERLIN und alle deutschen Sender. (Radioprogrammzeitung) Berlin 1941, Nr. 7, 9. – 15. Februar, ohne Seitenzahlen.

Mittwoch und Donnerstag: --

Freitag: 17,00 h „Berliner lustige Blätter". Leitung: Oskar Felix (45 min.)

Sonnabend: 17,00 h Jugendsendung: „Die Rätselstiege" (heiter?) (30 min).

Etwas dürftig.
Aber immerhin dauert der Krieg schon 1 ½ Jahre, der Siegestaumel hat etwas abgenommen, man ertappt einander und sich selbst dabei, wieder Sehnsucht nach Friedenszeiten zu empfinden.

2.9. RUNDFUNK

Obwohl Propagandaminister Goebbels im Medium Rundfunk das allerwichtigste Massenbeeinflussungsinstrument sah und sofort nach Amtsantritt die lückenlose Kontrolle der Redaktionen und des Sendebetriebs veranlasste[131], ging das Programm der deutschen Sendestationen – natürlich neben den offiziellen NS-Sendungen – wenigstens an den Wochenenden doch deutlich auf den Geschmack und die Wünsche des breiten Volkes ein. Allerdings wurde es überwiegend musikalisch gestaltet.
Der wichtigste Sender neben dem „Reichssender" Berlin und den Stationen / Wien / Saarbrücken / Frankfurt / Stuttgart / München / Köln / Königsberg / Breslau / Leipzig / Hamburg war der „Deutschlandsender". Sein Programm konnte man in ganz Deutschland hören.
Hier das gesamte Programm des Deutschlandsenders am Sonntag, dem 11. September 1938:

6.00 Bremer Hafenkonzert an Bord des KdF-Dampfers „Der Deutsche" des Norddeutschen Lloyd
7.45 Schaltpause
8.00 Reichsparteitag Nürnberg 1938. Der große Appell im Luitpoldhain
9.30 Heitere Kammermusik
10.00 Schallplatten: Beliebte Opernmelodien
10.45 Klaviermusik von Liszt
11.15 Seewetterbericht
11.30 Fantasien auf der Welte-Kino-Orgel
12.00 Mittag-Konzert der Wiener Synfoniker
1.00 Glückwünsche
2.00 Musikalische Kurzweil
3.00 Romantische Musik
4.00 Nachmittagskonzert
In der Pause: 5.00 – 5.10 Die halbe Stunde ist um. Eine Erzählung von Helmut Koppen
6.00 Das deutsche Lied
6.30 Große Deutsche: Prinz Eugen. Drei Szenen von Eberhard Wolfgang Müller
7.00 Musikalische Kulturkreise:

---

[131] Bedürftig, Friedemann: LEXIKON DRITTES REICH. Hamburg 1994, TB-Ausgabe München 1997, S. 302f.

Musik zur Zeit der Meistersinger.
Dazwischen: Die Schnitzfigur. Eine Szene von Wilhelm von Scholz.
8.00 Nachrichten..
8.15 Großes Nürnberg-Echo
10.00 Nachrichten
10.20 Eine kleine Nachtmusik
10.45 Seewetterbericht
11.00 Beliebte Orchesterwerke
12.00 Nacht-Konzert. ...liegt nicht in Deutschlands Mitten mein liebes Nürenberg...

Nun könnte man annehmen, das Programm sei wegen des Reichsparteitags, der an diesem Wochenende stattfand, so musikalisch gestimmt gewesen. Aber in den übrigen Monaten des Jahres 1938 hatte es weder sonntags noch werktags einen anderen Akzent.
Allerdings ändert sich einiges, sobald der Krieg beginnt: Die Programmzeitschrift HIER BERLIN schrumpft, weil die ausländischen Sender wegfallen, die Programme der Stadtsender schmelzen zu minimalen Beiträgen zusammen, das Hauptprogramm des Deutschlandsenders nennt sich nun „Reichsprogramm".
Das Reichsprogramm am Sonntag, dem 9. Februar 1941, sieht so aus:

5.00 (Nur Deutschlandsender, die Großsender Bremen, Weichsel, Donau, Luxemburg)
Kameradschaftsdienst
6.00 Hamburger Hafenkonzert
8.00 Orgelkonzert
8.30 Heitere Klänge
9.00 Unser Schatzkästlein. Worte und Weisen aus ewigem deutschen Besitz.
10.00 Nachrichten
10.05 Musik am Sonntagmorgen
11.00 Frontberichte
11.30 Cello-Konzert
12.10 Franz Lehar dirigiert eigene Werke. Es spielen drei Musikkorps der Wehrmacht.
12.30 Nachrichten
12.40 Das Deutsche Volkskonzert
Ob Hausfrau, ob Soldat, ob Arbeitsmann –
Das „Deutsche Volkskonzert" spricht jeden an.
14.00 Nachrichten und Wehrmachtbericht
14.15 Fröhliche Weisen
15.00 Wehrmachtbericht (zum Mitschreiben) Anschließend: Unterhaltungsmusik
15.30 **Wunschkonzert** des Großdeutschen Rundfunks für die Wehrmacht
18.00 Die Stimme der Front
18.10 Konzert der Berliner Philharmoniker
19.00 Frontberichte
19.20 Unterhaltungsmusik
19.40 Deutschland-Sportecho. Mit einem Bericht von den Ski-Weltmeisterschaften in
Cortina d'Ampezzo: Spezialsprunglauf
20.00 Nachrichten
20.10 Großer Tanzabend
22.00 Nachrichten, anschließend: Unterhaltungsmusik
24.00 Nachrichten, anschließend bis 2.00 Uhr: Nachtmusik.

In dieser Aufeinanderfolge von Musik und Nachrichten oder Wehrmachtberichten ist von Humor nicht viel zu finden, wohl aber von heiterer oder wenigstens stimmungsaufhellender Musik.

Was in diesen zwei hier vorgestellten Programmen nicht auftaucht, sind Humoristen, die nicht nur herumreisten und in Städten wie auch auf dem Land mit ihren meist selbstverfassten heiteren Gedichten, Sketchen, Witzen das Publikum erheiterten, sondern auch im Rundfunk zu hören waren. Einer von ihnen soll hier als Vertreter seiner Kollegen, genannt werden: Ludwig Manfred Lommel.

Aus Schlesien kommend, war er vor allem den Schlesiern ein fester Begriff. Aber auch im übrigen Deutschland war er sowohl durch seine live-Auftritte wie auch seine Radiosendungen mit seinem „Einmannsender Runxendorf" und seinen Figuren (Paul und Pauline Neugebauer, das Faktotum Hermann, Kantor Stockschnupfen oder der vertrottelte Baron Knullrich) bekannt.
Man kann ihn zwar nicht auf die gleiche Stufe wie Karl Valentin oder Weiß Ferdl stellen, aber sein Humor, frei nach seinem Motto: „Wut macht blind, Lachen öffnet die Sinne" kam an, wurde auch von den untersten Gesellschaftsschichten verstanden, genossen, dankbar angenommen.

1943 erschienen viele seiner Texte in der Sammlung LACHE MIT LOMMEL. Untertitel: „Das Beste von der Welle des Senders Runxendorf". Ein Beispiel:

IM FLUGZEUG:
Pauline: Nein, warum die Leute bloß so drängeln!
Paul: Jeder will halt'n Fensterplatz haben.
Pauline: Wo es so stürmisch ist, guck' ich sowieso nicht raus, sonst wird einem noch schwindlig.
Paul: Pass lieber uff, dass de die Treppe nich verfehlst!
Pauline: Hoffentlich ziehn se die Treppe nich vorher weg, bevor ich drinne bin.
Stimme: Bitte nach vorn durchtreten!
Pauline: Ja doch, ich muss doch erstemal drinne sein! Komm, Paul, wir setzen uns gleich hierher, so. Was steht denn da oben dran?
Paul: Es soll sich jetzt jeder anschnallen hier, mit den Gurten festschnallen.
Pauline: Anschnallen? Wozu denn das, da kann man doch nachher nich mehr raus?
Paul: Bloß für'n Anfang zum Start, damit keener vom Sitz fällt.
Pauline: Na, das sind ja scheene Aussichten. Ach, ihr Leute, jetzt machen se ooch noch die Türen zu!
Paul: Das ist doch selbstverständlich, schnall dich feste, so, noch fester. Jetzt geht's los. *(Verstärktes Motorengeräusch)*
Pauline: Ich bin schon festgeschnallt, die Dinger sein bloß a bissel kurz. Schnall' du dich och lieber feste, du hast noch gar nischt um a Bauch.
Paul: Ja, ja, ja, ich suche immerfort das andere Ende von dem Gurt.
Pauline: Nu, murks dich schon aus.
Paul: Ja doch, wo ist denn bloß das andere Ende von dem Stückel Gurt?
Pauline: Ich sage ja, du bringst noch die ganze Disziplin durcheinander.
Paul: Vorhin war er doch noch da.
Pauline: Gleich fliegt er hoch, Paul, und du bist noch nicht angeschnallt!

Paul: Hält man das für möglich, du sitzt ja auf dem eenen Ende, da kann ich suchen, soviel ich will, gib her!

Pauline: Ach, du Grobian, jetzt hast mir den ganzen Rock uffgerissen, wie das aussieht.[132]

Und so weiter.

Vergleicht man das Rundfunkprogramm der damaligen Jahre mit den heutigen Ansprüchen an dieses Medium, wirkt jenes ziemlich öde.
Allerdings gab es während des Krieges ein durchaus erheiterndes Ereignis an jedem Sonntagnachmittag: das Wunschkonzert.

Wunschkonzerte, bei denen Musikwünsche aus ganz Deutschland erfüllt wurden, hatte es auch schon in Friedenszeiten gegeben. Sie waren verbunden gewesen mit Geldspenden für das WHW (Winterhilfswerk). Ihr Erfolg war aber längst nicht so überschäumend wie der der Kriegs-Wunschkonzerte, konzipiert als heitere Verbindung zwischen Heimat und Front.

Im Frühherbst 1939 hielt der Rundfunkchef, Alfred-Ingemar Berndt, durch das Radio eine Ansprache an die Soldaten der deutschen Wehrmacht. Darin forderte er sie auf, in Feldpostbriefen ihre Musikwünsche und – damit verbunden – Grußwünsche an die Lieben daheim zu äußern.
Eine Flut von Briefen traf ein. Schon ein paar Tage später fand das erste Wunschkonzert statt.[133]

Im LEXIKON DRITTES REICH findet man unter dem Begriff „Wunschkonzert (für die Wehrmacht)“ folgenden Text:

Die beliebteste deutsche Rundfunksendung während des Krieges war das live ausgestrahlte Wunschkonzert, erstmals am 1. 10. 1939, dann jeden Sonntagnachmittag 16 – 20 Uhr im großen Sendesaal des Berliner Rundfunkhauses, moderiert von Heinz Goedeke; Motto: „Die Front reicht ihrer Heimat jetzt die Hände, die Heimat aber reicht der Front die Hand.“
Umrahmt von Musik, wurden Wünsche, Grüße und Mitteilungen zwischen den Soldaten im Feld und Angehörigen daheim ausgetauscht, oft erste Nachrichten seit längerer Zeit; so gab es etwa ein „Geburtenregister“, aus dem nach einleitendem Babygeschrei mancher Soldat erfuhr, dass er Vater geworden war. Besonders geschätzt waren Schlager aus Musikfilmen („Das kann doch einen Seemann nicht erschüttern“) und Soldatenlieder („Erika“), von der Front meist gewünscht: „Heimat, deine Sterne“. Das streng zensierte Wunschkonzert – im Notfall konnte ein Zensuroffizier eine technische Panne auslösen – verfolgte mit den nur positiven und meist heiteren Meldungen einen schönfärberischen Zweck (...)
1940 entstand eine Filmromanze unter dem Titel „Wunschkonzert“ mit Carl Raddatz und Ilse Werner (bis Kriegsende 20 Mio. Zuschauer) [134]

---

[132] Lommel, Ludwig Manfred: LACHE MIT LOMMEL. Das Beste von der Welle des Senders Runxendorf. (Erstdruck 1943) München 1965, 8. Auflage Landshut 1997.

[133] Goedecke, Heinz / Krug, Wilhelm: WIR BEGINNEN DAS WUNSCHKONZERT FÜR DIE WEHRMACHT. Berlin 1940. S. 30ff.

[134] Bedürftig, Friedemann: LEXIKON DRITTES REICH, Hamburg 1994, TB-Ausgabe München 1997, S. 379.

Zu diesem Text ist anzumerken, dass wohl nur die ersten Wunschkonzerte vier Stunden dauerten. Schnell pendelten sie sich auf etwa zweieinhalb Stunden Dauer ein (15.30 h – 18.00 h). Ich kann mich auch noch gut an sie erinnern. Die Zuhörer konnten – natürlich nur akustisch – den bekanntesten deutschen Komikern, Sängern, Schauspielern der damaligen Zeit in den Wunschkonzerten begegnen. Diese Konzerte wurden sehr humorvoll gestaltet. Sie liefen großenteils völlig improvisiert ab, denn während der Veranstaltung flossen heitere, herzliche, rührende Anrufe und Telegramme ins Programm ein und gestalteten es mit. Das machte sie besonders reizvoll. Heinz Goedecke, Gestalter und Moderator der Wunschkonzerte, sprach in diesem Zusammenhang vom „Stegreifspiel des ganzen Volkes“ [135].
Was aus dem oben zitierten Lexikon-Text *nicht* hervorgeht: Viele Musikwünsche wurden von Geld- und Sachspenden begleitet, die man nach dem Konzert Bedürftigen zukommen ließ. Nicht jeder Wunsch war mit einer Spende verbunden, aber viele Spenden trafen auch ohne Wünsche ein.

Als Beweis dafür, wie populär das Wunschkonzert war und warum Humor in seinen Programmen eine so große Rolle spielte, sollen zwei Beispiele dienen.
Zum besseren Verständnis des Programmablaufs: Spenden, die meistens während des Wunschkonzerts per Telegramm oder Telefon von den Spendern angekündigt wurden, veranlassten Wilhelm Krug und seinen Stab, blitzschnell passende Reime auszudenken, die schon ein paar Minuten später von den Moderatoren vor dem Mikrophon samt Spenden und Spendern verlesen wurden.
(Gdk = der bekannte Moderator Heinz Goedecke)

Diehl: Wer aber Bier und Tee nicht will,
erhebe auch kein Wutgebrüll.
Für den ham wir noch jedenfalls
400 Dosen Biomalz.
Von den Gebrüdern Patermann, Berlin-Teltow.

Gdk: Wer jedoch solches nicht kann leiden,
für den gibt es noch andre Freuden, -
Dann ist er still, dann ist er stumm:
Wir haben fünfzig Flaschen Rum.
Von der Drogerie Miesner, Berlin.

Diehl: Wer dennoch sagt, - ich danke, nein:
hier sind achthundert Flaschen Wein.
Eine Spende der Wirtschaftsgruppe des Einzelhandels Hessen.

Gdk: Vielleicht jedoch sagt einer wohl:
Ich pfeife auf den Alkohol – !
Nun gut, uns stehn noch zu Gebote
Aus Marzipan eintausend Brote.
Von Dyrchs und Mäder, Hamburg.

---

[135] Goedecke, Heinz / Krug, Wilhelm: WIR BEGINNEN DAS WUNSCHKONZERT FÜR DIE WEHRMACHT. Berlin 1940. S.43.

Diehl: Und sollte dann noch jemand bocken,
den locken wir mit hundert Socken.
Gestrickt von den Rumburger Frauen aus dem Sudetengau.

Gdk: Oder wir holen aus der Truhe
240 Kinderschuhe.
Von einer Nachrichtenersatz-Abteilung in Posen.

Diehl: Wir prahlen nicht mit Dauerwürsten,
doch mit 500 Kleiderbürsten.
Ein Geschenk des Moohnschen Blindenvereins von 1860.

Gdk: Viel wert ist so ein eigner Herd,
zwei Herde sind dann doppelt wert.
Von Juncker und Ruh, Karlsruhe.

Diehl: Dann haben wir noch Zigaretten.....
2.500 Stück von den Leserinnen der Zeitung „Fränkische Hausfrau", Nürnberg.

Gdk: und haben auch zehn Kinderbetten.
Von der Betriebsgemeinschaft Louis Mackenroth, Hamburg.[136]

Und so weiter. (Die Sachspenden wurden in der Spendenzentrale des Rundfunkgebäudes gelagert und an Bedürftige ausgegeben.)

Hier das zweite Beispiel für Humor im Wunschkonzert, ein Beitrag von der Front, in Originalform im Goedecke-Buch (S. 167) wiedergegeben:

Hermann Schulze, Uffz.,
Feldpostnummer: 13082 den 7. Januar 1940

An das
Wunschkonzert des Reichssenders Berlin
für die deutsche Wehrmacht,
B e r l i n

Ohne Namen und Titel, barfuß bis über die Ohren,
so ward ich am 24. Februar 1916 geboren.
Nach einem Monat tat man mich taufen
und ließ mich mit dem Namen „Hermann Schulze" wieder laufen.

Wie Ihr nun alle wisst,
dieser Name sehr häufig ist.
Drum hat es mich auch nie gestört,
wenn ich im Wunschkonzert hab' meinen Namen gehört.
Mit Freude und Eifer saß ich dabei,
als wenn es die Erfüllung meines eigenen Wunsches sei.

---

[136] Goedecke, Heinz / Krug, Wilhelm: WIR BEGINNEN DAS WUNSCHKONZERT FÜR DIE WEHRMACHT. Berlin 1940, S. 155f.

Drauf überhäuften mich stets in den nächsten Tagen
die Verwandten per „Feldpost“ mit vielen Fragen.
Sie hielten meinen Wunsch für „gelungen“
und nannten mich „ihren braven Jungen“.

Doch kürzlich hat die Hörerschar vernommen,
dass „Hermann Schulze“ hat das 5. Kind, einen Jungen, bekommen.
Auch das haben die Verwandten mit angehört
und taten darob sehr empört.
Meine Braut schrieb am Tage drauf:
„Ich hebe die Verlobung auf!
Ich finde es reichlich gediegen.
Warum hast du mir die ersten „Vier“ verschwiegen?“

Nun war über mich das Urteil gefällt,
und nur mit Mühe hab’ ich die Sache wieder klargestellt.
Zwar hat man mir jetzt alles vergeben,
doch zum zweiten Mal möchte ich so etwas nicht erleben!

Drum: Wenn das Babygeschrei nun wieder durch den Äther dringt
und Ihr einem „Papa Schulze“ wieder eine „frohe Botschaft“ bringt,
saget bitte gleich dabei,
dass ich es nicht gewesen sei.
Meine Braut und ich, wir wollen’s Euch danken
und wollen uns auch nie wieder zanken.
Stellt sich dann auch später bei uns der Stammhalter ein,
dann soll „Heinz Goedecke“ Pate sein.

Zum Schluss nun spend’ ich als Zeichen der allgemeinen Versöhnung
Euch dafür den Rest meiner letzten Löhnung.
RM 1,57 hab’ ich noch zusammengefegt
und davon RM 1, 56 Euch beigelegt.
Einen Glückspfennig, den ich entdeckt,
hab’ ich schnell in den Brustbeutel zurückgesteckt,
denn – das könnt Ihr mir nicht verdenken –
man kann ja auch nicht alles verschenken.

Ich wünsche mir dabei das Lied: „Es steht ein Soldat am Wolgastrand
...aus dem „Zarewitsch“.
Herzliche Grüße und Heil Hitler!
Unterschrift

Diese Wunschkonzerte und vor allem Heinz Goedecke waren so populär, dass der Chef des Rundfunks ihn eines Tages fragte:

„...warum fassen Sie nicht das umfangreiche Material über die Wunschkonzerte, die vielen Briefe, die Sie bekommen, die schönen Verse von Krug, einmal zu einem Buch zusammen? Sie würden damit Hunderttausenden eine Freude machen.“
Als ich also fragte, da wies Goedecke in seiner schon vom Mikrofon bekannten so sprichwörtlichen Bescheidenheit diesen Gedanken weit von sich. Man werde ihn für größenwahnsinnig halten, wenn er das tue.

Inzwischen hat er sich mit dem Gedanken (nicht: größenwahnsinnig zu werden, sondern das Buch zu schreiben) befreundet, und so wurde und entstand dieses Buch.[137]

Unter dem Titel WIR BEGINNEN DAS WUNSCHKONZERT FÜR DIE WEHRMACHT stellte Heinz Goedecke alles zusammen, was mit dem Wunschkonzert in Verbindung stand:
Fotos von Mitwirkenden und Zuschauern, mit Wilhelm Krugs lustigen Versen versehen (z. B. zu Grethe Weisers Foto: „In alle Herzen – alle Häuser / bringt Heiterkeit die Grethe Weiser“),
Fotos von Spenden und deren Verteilern wie auch Empfängern,
Karikaturen heiterer Szenen im Sendesaal und vor dem Rundfunk in Kaserne oder Schützengraben,
Faksimile-Abbildungen von heiteren Briefen (u.a. von Soldaten, Kindern, Bräuten, Spendern),
humorvolle Beschreibungen mancher Spenden,
die vergnügliche Entstehungsgeschichte des Wunschkonzerts usw.

Dieses Buch hatte einen unglaublichen Erfolg:
1. Auflage: 1. – 100. Tausend, März 1940
2. Auflage: 101. – 150. Tausend, April 1940
3. Auflage: 151. – 200.Tausend, März 1941
4. Auflage: 201. – 250. Tausend, Oktober 1941.

2.10. LIEDERTEXTE

Natürlich spielten die neuentstandenen Lieder des Nationalsozialismus während des „Dienstes“ der NS-Jugendorganisationen und vor allem während der Propagandamärsche und Parteifeiern eine große Rolle. Da schwallte das Pathos, da durfte nicht gelacht werden, da hatte man sich zum Ernst der Stunde zu bekennen.
Aber das Volk lechzte nach Heiterkeit, und so bekam auch das *heitere* Lied seine Chance. Wir Kinder der Nazizeit sangen quer durch ganz Deutschland Lieder wie „Ein Vogel wollte Hochzeit machen“, „Auf einem Baum ein Kuckuck saß“, „Steht im Wald ein kleines Haus“, „Auf der Mauer, auf der Lauer“, „Jetzt fahr’n wir übern See“, „Kennt ji all dat nije Leid“ (das Lied vom Herrn Pastor seiner Kuh), „Auf der schwäbschen Eisenbahne“, „Es wohnt ein Müller an jenem Teich“, „Mein Hut, der hat drei Ecken“ „Einundzwanzig, zweiundzwanzig...“ (bekannt unter der Bezeichnung „Bayerischer Marsch“), „Die Geige, sie singet“, „Große Uhren machen ticktack“, „Drei Japanesen mit dem Kontrabass“.
In der Schule, auf Kindergeburtstagen, auf privaten, schulischen und Sportklub-Ausflügen wurden heitere, völlig unpolitische Lieder gesungen. *Und* auch auf Ausflügen der NS-Jugendorganisationen! Denn den Mädchen, zusammengefasst in der

---

[137] Goedecke, Heinz, / Krug, Wilhelm: WIR BEGINNEN DAS WUNSCHKONZERT FÜR DIE WEHRMACHT. Berlin 1940, Auszug aus dem Vorwort von Alfred Ingemar Berndt, Leiter des deutschen Rundfunks.

Organisation der „Jungmädchen" und den Jungen beim „Jungvolk", beide Gruppen 10 bis 14 Jahre alt, sollte der „Dienst" im Rahmen der herrschenden Ideologie ja Spaß machen, sie sollten *gern* an ihm teilnehmen!

Im BDM und in der HJ (14 – 18 Jahre) sang man dann mit Wonne – natürlich neben den NS-Liedern – Heiteres wie „Heiß brennt die Äquatorsonne", „Ein Heller und ein Batzen", „Zu Regensburg auf der Kirchturmspitz", „Es wollt' ein Schneider wandern", „Alleweil ein wenig lustig", „Ich ging emol spaziere", „Ein Mann, der sich Kolumbus nannt", „Eine Seefahrt, die ist lustig", „In einen Harung jung und schlank", „Unterm Dach, juchhe", „Stumpfsinn, du mein Vergnügen", „Es lebt der Eisbär in Sibirien", „Drunten in der grünen Au", und „O hängt ihn auf...".
Fast alle diese Lieder stammen schon aus der Zeit vor 1933, davon einige aus dem „Zupfgeigenhansel"[138], Lieder-Kultbuch der Wandervögel, andere sind beheimatet in der Pfadfindertradition. Viele von ihnen wurden schon von den Eltern der NS-Zeit-Jugend gesungen.
Im Vorwort der ersten Auflage (Ostern 1934) des „Kilometerstein"[139], der einer „zivilen" Initiative zu verdanken ist, schreibt der Herausgeber Gustav Schulten:

...Nur weniges war bereits gedruckt, das meiste lebt seit Jahren in den Gruppen und wurde nach mündlicher Überlieferung aufgezeichnet. Es wurde nichts aufgenommen, was nicht bereits seine Lebensfähigkeit erwiesen hat. ...

Im Vorwort zur 7. Auflage, im September 1939, schreibt Schulten:

Eine der umfangreichsten Gruppen des deutschen Volksliedes ist die der lustigen Lieder. Vom stillen, kaum spürbaren Humor bis zur tollen Ausgelassenheit bietet sich eine reiche Auswahl. (...) Freude hat eben ihre verschiedenen Ausdrucksformen. (...) Ein gesunder Scherz kann niemals beleidigen, ihn hat es zu allen Zeiten im Volkslied gegeben. Allen aber, die wissen, dass fröhlicher Unsinn und herzhafter Spaß lebensnotwendig sind und auch im Lied neben dem unerschöpflichen Quell unseres echten Volksliedes seine Berechtigung haben, möge die neue Ausgabe ebensoviel Spaß machen wie die alte.

Dieses Buch wurde vom NS-System geduldet und erlebte eine Auflage nach der anderen, auch noch *nach* 1945. (8. Auflage 1950).

Aber auch in den offiziellen Liederbüchern der NS-Organisationen wurde der Spaß nicht ausgeblendet. Als Beweis soll das Liederbuch des Reichsarbeitsdienstes SINGEND WOLLEN WIR MARSCHIEREN[140] dienen, herausgegeben „im Auftrage des Reichsarbeitsführers Thilo Scheller, Oberstfeldmeister in der Reichsleitung des Reichsarbeitsdienstes". Im Geleitwort sagt Konstantin Hierl, „Reichsarbeitsführer":

... Im Reichsarbeitsdienst wird daher entscheidender Wert auf freies und frohes, aber auch ernstes und starkes Singen gelegt....

---

[138] Breuer, Hans (Hg.): DER ZUPFGEIGENHANSEL. Mainz 1908.
[139] Schulten, Gustav (Hg.): DER KILOMETERSTEIN. Bad Godesberg, 8. Aufl. 1950.
[140] Scheller, Thilo (Hg.): SINGEND WOLLEN WIR MARSCHIEREN. Liederbuch des Arbeitsdienstes.. Leipzig, Dritte Aufl., o.J.

Immerhin erscheint hier von *offizieller* Seite der Begriff „froh". Auch im Arbeitsdienst ließ sich Heiterkeit nicht ausblenden. Die war allerdings manchmal ziemlich anspruchslos. Ein Beispiel:

KOMM MIT, WIR WOLLEN SCHIPPEN GEHEN
1. Die Hände in den Taschen steht dort ein Zivilist,
   der, gestern noch bei Muttern, heut eingezogen ist.
   Refr.: Komm mit, wir wollen schippen gehen!
   Raus aus dem Tor, rin in das Moor!
   Komm, drück dich nicht, es wird schon gehen!
   Schütz keine Darmverschlingung vor!

2. So mancher trug den Spaten noch nie in seiner Hand,
   und mancher hat die Arbeit vom Hören nur gekannt.
   Im Refr. statt „Darmverschlingung" „Hühneraugen".

3. Auf manchen wirkt die Arbeit so wie ein rotes Tuch.
   Doch morgen wird es heißen: Hiiinein ins Sprottebruch!
   Im Refr. statt „Hühneraugen" „Plattfußbeine".

Statt „Sprottebruch" darf – laut Anmerkung – jede andere örtliche Bezeichnung eingesetzt werden. – Von 220 Liedern, die dieses Liederbuch enthält, kann man immerhin 25 bis 35 Lieder als humorvoll bezeichnen.

Natürlich interessiert, ob auch die Soldaten Heiteres sangen.
Es gab eine Reihe von Soldaten-Liederbüchern, darunter auch „DAS NEUE SOLDATEN-LIEDERBUCH" mit dem Untertitel „Die bekanntesten und meistgesungenen Lieder unserer Wehrmacht, Bd. I, II, III". Es erschien in Mainz o.J.

Werfen wir einen Blick in Teil III: Er enthält 56 Lieder, von denen man 3 als lustig, aber nicht unbedingt als heiter bezeichnen kann: „Zehntausend Mann", „Schnadahüpferl" und „Von Luzern auf Wäggis zue".

In der von Gerhard Pallmann herausgegebenen und vom Oberkommando der Wehrmacht empfohlenen Liedersammlung DIE WEHRMACHT SINGT (Leipzig 1939), die 66 Lieder enthält, ist kein einziges wirklich heiteres Lied enthalten. Forsch und schnoddrig ja, aber nicht heiter.
Mehr Humor investierten Soldaten ins ironische Umdichten gängiger Texte oder ins Erfinden zusätzlicher, humorvoller Strophen. Davon wird noch die Rede sein.

Das Heft HEUTE WOLLEN WIR EIN LIEDLEIN SINGEN (Untertitel: Lieder für Bunker und Lager), erschienen 1940 in der Hanseatischen Verlagsanstalt Hamburg, also noch mitten im Siegesrausch der ersten Kriegszeit, enthält 58 Lieder. Darunter zwei Dutzend mit heiteren Texten!
Kein Wunder: Dieses Liederheft wurde herausgegeben von der Abteilung „Volkstum – Brauchtum" im Amt „Feierabend" der NS-Gemeinschaft „Kraft durch Freude" in Verbindung mit dem Amt „Werkschar und Schulung" und der DAF

(Deutschen Arbeitsfront), Sozialamt, Verbindungsstelle Wiesbaden. In diesem Heft mussten also auch genügend Lieder angeboten werden, die der „Gaudi", der lockeren Unterhaltung, dem Vergnügen dienten.

Unter anderem das damals jedem Soldaten bekannte Marschlied: „Wenn die Soldaten durch die Stadt marschieren". Unter der Überschrift steht: „Soldatenlied von 1880. Einige Strophen aus neuer Zeit."
Die fünf letzten Strophen:

6. Ein alter Graubart schrieb an seine Else,
   wann fallen wir uns endlich wieder um die Hälse.

7. Ein alter Krieger schrieb an seine Erna,
   schicke mit der Feldpost 'ne Tube Kaloderma.

8. Wenn der Tanz zu Ende ist, bringt er sie nach Hause,
   küsst sie ohne Unterlass, küsst sie ohne Pause.

9. Minna, das ist ein Skandal, was hast du nur getrieben,
   wo ist denn mit einem Mal der ganze Speck geblieben?

10. Liebste mir denn gar nich mehr, willste mir verlassen,
    darf ich dir denn gar nicht mehr um der Tallje fassen? [141]

Ein anderes Lied aus dieser Sammlung heißt „Regenlied aus dem Schützengraben". Sein Text stammt von einem Karl Seifert, vertont wurde es von Ernst-Lothar von Knorr[142].

1. Es ist nass und immer nässer,
   Wolken wälzen sich wie Fässer,
   leeren sich beständig rinnend,
   und der Musketier meint sinnend:
   „Kamerad, es regnet."

2. Als nun etwas Zeit verronnen,
   hat die Nässe zugenommen,
   Wasser quietscht ihm schon im Stiefel,
   und er fasst zum Tagbuchgriffel,
   Datum: „Heute regnet's."

3. Drauf legt er die Nasenspitze
   an des Stahlschilds schmale Ritze
   und drückt ab sein feucht Gewehr,

---

[141] Abt. „Volkstum-Brauchtum" im Amt Feierabend der NS-Gemeinschaft „Kraft durch Freude" in Verbindung mit dem Amt „Werkschar und Schulung" und der DAF, Sozialamt, Verbindungsstelle Wiesbaden (Hg.): HEUTE WOLLEN WIR EIN LIEDLEIN SINGEN. Lieder für Bunker und Lager. Hanseatische Verlagsanstalt Hamburg 1940, S. 12.

[142] Ebenda, S. 14.

der Franzose schießt nicht her,
denn il pleut, es regnet.

4. Legen sich zur Ruhe nieder
hälfteweis die Waffenbrüder,
sieh da, wie auf das Gezelt
ernsthaft jeder Tropfen fällt;
Dunnerkeil, es regnet!

5. Ist's soweit, wird abgelöst
und der Nachbar kauernd döst;
Finsternis, das Pfeifchen glimmt,
was nicht fest ist, mählich schwimmt,
und man träumt, es regnet.

6. Bis zum Morgen ist's erreicht:
Alles gründlich eingeweicht;
„Feuchtigkeit, das heißt Humor
– dass ich diesen nicht verlor,
zeigt mein Lied: Es regnet!"

„Feuchtigkeit, das heißt Humor" – diese Formulierung weist hier witzigerweise auf die ursprüngliche Herkunft des Begriffes aus dem Lateinischen hin: „(h)umor" bedeutet „Feuchtigkeit, Flüssigkeit".
Dieses Lied scheint sich nicht durchgesetzt zu haben. Jedenfalls ist es mir während der gesamten NS-Zeit nie begegnet. Laut Notiz unter der letzten Strophe wurde es aus dem Liederbuch SOLDATEN – KAMERADEN übernommen. Nähere Angaben fehlen.

Auf Seite 28 im selben Liederheft stößt man auf: „A little story vun-de düütschen U-Bööt" mit dem Zusatz „Op engelsch un plattdüütsch". Der Text stammt von Bootsmannsmaat Walter Rothenburg, 1918, vertont wurde das Lied ebenfalls von Ernst-Lothar von Knorr.

1. When the sun shines bright today,
faart en U-Boot in de See,
Looking for the merchant fleet
Pass mol op, du scheve Briet!

2. At the channel of Calais
krüüzt en grotes Schipp op See.
Tommy, he was be to glad,
wenn he dat in Cherbourg hett.

3. But the little submarin
jaagt em en Torpedo rin,
And it was the latest trip
von dat engelsch Hannelsschip.

4. At the Islands of Azorn
   harr en U-Boot wat verloorn,
   Looking sharp at anything –
   un dar harr dat al dat Ding!

5. Fourteen ships in company –
   en par men-of-war darbi –
   want to be at Boulogne-Port,
   harrn veel Munitschoon an Boord.

6. Oh, you little submarin,
   seggst, dat halve, dat is dien!
   But you took there ships of ten?
   't U-Boot seggt: "Haut beter hen!"

7. At the port of Scapa Flow
   seggt de Käppen: „Kiek mal tau!"
   Looking in the Pereskoop –
   "Jungs, dar kummt en Krüzer op!"

8. British stripes high in the top
   wull de na de Noordsee rop?
   But it shoot the submarin
   em in't "Aqua frio" rin.

9. Oh, brave Captain Günther Prien,
   maakt den Tommy bannig Pien,
   make the German people joy,
   un wi roopt: "U-Boot, ahoi!"[143]

Die Strophe 9 kann 1918 allerdings nicht entstanden sein, denn Kapitänleutnant Prien versenkte erst im Zweiten Weltkrieg (14. 10. 1939) in Scapa Flow das englische Schlachtschiff „Royal Oak". Dieses Lied wurde also schon bald zu Beginn des Zeiten Weltkriegs aktualisiert.
Mag sein, dass man es – natürlich ohne 9. Strophe – im Ersten Weltkrieg sang. Im Zweiten Weltkrieg hörte man es nie.

Marschierende Kolonnen veränderten oft die Kehrreime der üblichen Soldatenlieder humorvoll, wie z.B. den des Liedes „Drunten im Tale wächst Haberstroh". Dessen eigentlicher Kehrreim hieß „...drum Mädel, sei glücklich, horridoh!, wir sehn uns bald wieder, nur einen Feldzug noch oder zwei, dann ist alles vorbei."

Der von humorigen Landsern umgestaltete Kehrreim hieß dann: „...drum Mädel, sei glücklich, horridoh! Wir sehn uns bald wieder, nur noch gegen England,

[143] Abt. „Volkstum-Brauchtum" im Amt Feierabend der NS-Gemeinschaft „Kraft durch Freude" in Verbindung mit dem Amt „Werkschar und Schulung" und der DAF, Sozialamt, Verbindungsstelle Wiesbaden (Hg.): HEUTE WOLLEN WIR EIN LIEDLEIN SINGEN. Lieder für Bunker und Lager. Hamburg 1940. S. 28f.

Russland, USA, dann ist alles gvh". (Danals kannte jeder die Bedeutung der Abkürzung „gvh": „garnisonsverwendungsfähig Heimat").
Diese witzige Verballhornung des ursprünglichen Textes bezeugt auch Georg Walther Heyer, Autor des Buches DIE FAHNE IST MEHR ALS DER TOD. Lieder der Nazizeit.[144] Im Kontext weist er auf ein anderes, sehr populäres, ebenfalls verballhorntes Lied hin (dessen Autor und Komponist der produktivste und erfolgreichste NS-Barde Hans Baumann war!):

„Nur der Freiheit gehört unser Leben, lasst die Fahnen dem Wind..." [145].

Arbeitsdienstmänner machten daraus:

„Nur der Freizeit gehört unser Leben, lasst die Spaten im Spind"[146].

Freilich standen solche Textumformungen in keinem Liederbuch, aber sie verbreiteten sich in großer Geschwindigkeit von Mund zu Mund. Verboten waren sie nicht.

Auch die Senioren fanden genug Gelegenheiten (im Familienkreis, am Stammtisch, in den Vereinen, auf Klassentreffen und KdF-Reisen, vor allem aber im Karneval), heitere Lieder zu singen. Da konnte man noch hören „Als die Römer frech geworden", das „Fritze-Bollmann"-Lied, auch „Schön ist ein Zylinderhut".
Wer kennt nicht noch das Lied „Freut euch des Lebens"? Wir Kinder fanden es schon in den frühen Dreißiger Jahren altmodisch und lernten untereinander – ebenfalls von Mund zu Mund – einen anderen, vermutlich schon damals alten Text auf die selbe Melodie: „Freut euch des Lebens, die Großmutter wird mit der Sense rasiert. Alles vergebens – sie war nicht eingeschmiert!"
Das NS-Regime ließ die Alten und auch uns Kinder singen. Keine Gefahr!

Und wer, der damals schon zur Schule ging, kann sich nicht an die Umformung des Liedes „Es geht alles vorüber, es geht alles vorbei, auf jeden Dezember folgt wieder ein Mai" erinnern? Der Volkshumor machte daraus: „Es geht alles vorüber, es geht alles vorbei, auf Abschnitt Dezember gibt's wieder ein Ei."
Auch diesen kleinen Sarkasmus durfte man sich ungestraft erlauben.

2.11. GEBRAUCHSLYRIK

Man kennt das: Zu Familienfesten, Hochzeiten, Jubiläen wird gereimt und stolz vorgetragen. Da geht es im allgemeinen um nichts anderes, als Lebensläufe zu

[144] Heyer, Georg Walther: DIE FAHNE IST MEHR ALS DER TOD. Lieder der Nazizeit. München 1981, S. 136.
[145] Baumann, Hans, „Nur der Freiheit gehört unser Leben", unter anderem in UNSER LIEDERBUCH. Lieder der Hitlerjugend. Hg: Reichsjugendführung. München 1939, S. 24.
[146] Heyer, Georg Walther: DIE FAHNE IST MEHR ALS DER TOD. Lieder der Nazizeit. München 1981, S. 127.

erzählen, Verdienste zu preisen, an gemeinsame Erlebnisse zu erinnern und Zukunftswünsche auszusprechen – und das auf meist humorvolle Weise. Auch in Reime gefasste Liebesbekenntnisse gehören in diese Kategorie.
Zwischen 1933 und 1945 bewegten sich derlei Texte ebenso wie heute fast ausschließlich im privaten, schulischen oder betrieblichen Bereich. Die Politik blieb außen vor. Kritische Stellungnahmen zur NS-Ideologie waren hier nicht zu erwarten. Auf diesem (stark eingeschränkten) Gebiet durfte, frei nach Goethe, das Volk einfach Mensch sein.
Mehrere Beispiele von Gebrauchslyrik enthalten Wibke Bruhns' Erinnerungen MEINES VATERS LAND[147]. Eines davon ist der Text eines Liedes, den die Enkelkinder, verkleidet und geschminkt als „Negerlein", im Jahr 1934 zum heiteren Empfang der Großeltern sangen, die von einer Karibik-Schiffsreise nach Halberstadt zurückkehrten. Da es nur sieben Enkelkinder waren, mussten drei Negerlein „weggereimt" werden:

10 kleine Negerlein in Südamerika,
die sah'n das Motorschiff Heinz Horn,
da schrieen sie hurra.

10 kleine Negerlein, die hatten alle zehn
noch keinen weißen Großvater
und Großmutter geseh'n.

10 kleine Negerlein, die fingen an zu schrei'n,
der eine schrie zu laut und platzt,
da waren's nur noch neun.

9 kleine Negerlein, die machten Haifischjagd,
den einen fraß dann einer auf,
da waren's nur noch acht.

8 kleine Negerlein, die stahl'n dem Schiffskoch Rüben,
eins ward erwischt und eingelocht,
da waren's nur noch sieben.[148]

Die sieben Negerlein schilderten die Schiffsreise. Die Schlussstrophe heißt:

Sieben kleine Negerlein, die weiße Leute lieben –
nun möchten sie in Halberstadt –
gern bleiben alle Sieben!

Lockere Heiterkeit, harmloses Spiel des Humors.
Ein anderes Beispiel humorvoller Gebrauchslyrik stammt von Bruns' Vater: Hans Georg Klamroth, wohlhabender Halberstädter Kaufmann, hielt sich als deutscher Offizier im Jahr 1940 in Dänemark auf und sandte von dort seiner ältesten Tochter Barbara, damals 17 Jahre alt, folgenden Text:

---

[147] Bruhns, Wibke: MEINES VATERS LAND. Geschichte einer deutschen Familie. Berlin 2004.
[148] Ebenda, S. 265.

Ein Mensch, der auszog in den Krieg,
um zu erkämpfen Deutschlands Sieg,
der findet sich zu seinem Staunen
durch eine von des Kriegsgotts Launen
inmitten lauter weichen Pfühlen
höchst komfortabel, und kann wühlen
in Kaffee, Tabak, Fett und Früchten
und dies begeistert ihn zum Dichten.[149]

Solche heiteren Meinungsäußerungen brauchte die NS-Diktatur nicht zu fürchten.

Aber es gab in der NS-Zeit auch Gebrauchslyrik, die keinesfalls humorvoll gedacht war und doch durch ihre rührende Naivität und Skurrilität Heiterkeit hervorriefe, wäre da nicht der dunkle, beklemmende Hintergrund, der alles Lachen erstickt. So zum Beispiel ein selbstverfasstes Gedicht, das ein deutscher Soldat in englischer oder amerikanischer Kriegsgefangenschaft 1944 über das Rote Kreuz heim schickte:

GRUSS AN DIE HEIMAT
Meine Lieben! Ein Gruß an Euch alle in der Heimat.
Bin ich auch der Heimat so ferne,
ich denke doch immer an Dich,
für uns leuchten dieselben Sterne,
wenn auch die Geduld von uns wich. –
Und steh ich des Nachts hinter eisenverriegeltem Tor,
so wend ich den Blick zu den Sternen
und zu dem Gott, dem ich schwor. –
Wenn auch die Welt uns verachtet,
so fasset noch fester das Schwert,
zu schützen Frauen und Kinder
und unserer Mutter Erd. –
Sind wir auch in Feindes Händen,
wir taten unsre Pflicht,
denn unser Großdeutschland muss leben,
wenn manchem das Auge auch bricht. –
Und wenn sie uns auch schikanieren,
das macht uns gar nichts aus,
denn unser Großdeutschland wird siegen,
dann kehren wir wieder nach Haus.[150]

Der Autor hatte wahrscheinlich noch kaum je etwas mit Lyrik zu tun gehabt, bevor er dieses Gedicht schrieb. Es entsprang wohl dem Wunsch, seine Sehnsucht in eine Form zu fassen, die aus dem Alltag herausgehoben war. Auch wenn diese Reime auf eine rührselig-kuriose Art brechende Augen mit Großdeutschland in Verbin-

---

[149] Bruhns, Wibke: MEINES VATERS LAND. Geschichte einer deutschen Familie. Berlin 2004, S. 295.

[150] Präsidium des Deutschen Roten Kreuzes (Hg.): MITTEILUNGEN FÜR DIE ANGEHÖRIGEN DEUTSCHER KRIEGSGEFANGENER im Einvernehmen mit dem Oberkommando der Wehrmacht, März 1944, S. 11.

dung bringen und jede Menge von Klischees enthalten, hat das NS-System gegen diese Art von (unbeabsichtigt) heiterer Gebrauchslyrik sicher nichts einzuwenden gehabt, zumal der „Dichter“ offensichtlich an das Großdeutschland Hitlers glaubte.

2.12. KARNEVAL

Vor allem im Rheinland, aber auch in anderen Gegen Deutschlands (wie zum Beispiel in München oder Rottweil), explodiert der Humor während der Karnevalszeit. Auch in den Jahren zwischen 1933 und 1944 war das nicht anders. (Im Jahr 1945 fiel er aus wegen der hoffnungslosen Kriegslage.) Es ist der Stolz der Karnevalsnarren, und der war es auch damals, die Narren*freiheit* voll auszuschöpfen.

Freiheit, auch in der Unfreiheit geforderte, im Bewusstsein gespürte, gibt Witz und Witz gibt Freiheit. In der Binsenweisheit dieses „befreienden Lachens“ treffen sich Politik und Karneval.[151]

Natürlich war es überaus schwierig für die Vertreter der Hitler-Diktatur, die kreativen Ergebnisse der Massenheiterkeit, der sich so gut wie alle Rheinländer im Karneval ergeben, kritisch zu überwachen. Denn es waren ja Hunderttausende, die ihn feierten, jeden Alters, jeden Standes, ein mächtiges Volksfest, das Solidarität unter den Narrhallesen verlangte.

Während der NS-Diktatur drängten der Übermut und das Prinzip „Mut in der Bütt“ die Narren oft, die ihnen vom NS-System gesetzten Grenzen auszureizen. Das war nicht ungefährlich, denn der Nationalsozialismus kannte keine Narrenfreiheit. Funktionäre der örtlichen NSDAP wurden mit der Zensur beauftragt. Manches ließen sie durchgehen, bei anderen Gelegenheiten schlugen sie unbarmherzig zu. 1933 drohte aufmüpfigen Deutschen das Lager Osthofen, ein „Schulungslager“ ähnlich Dachau. Es wurde allerdings im Lauf des Jahres 1934 aufgelöst. Aber es gab ja andere KZs.

Seppel Glückert, der damalige, sehr populäre Mainzer Karnevalspräsident, konnte einiges riskieren, denn an ihn trauten sich die zuständigen NS-Funktionäre nicht heran. Das deutsche Elend des Jahres 1933 wird in Glückerts Versen deutlich:

Jetzt mach ich schun, nur zum Pläsier
im neunten Jahr mei’ Vers’cher hier,
doch hat mei’ Herz vor Ängstlichkeit
noch nie gebobbert so wie heut.
Zu reden hier heut braucht man Mut
weil, eh mer sich vergucke tut,
als Opfer seiner närr’schen Kunst
kann einquartiert wer’n ganz umsunst.
Drum hab ich vorhin aach ganz nah

---

[151] Keim, Dr. Anton M.: 11 MAL POLITISCHER KARNEVAL. Weltgeschichte aus der Bütt. Geschichte der demokratischen Narrentradition vom Rhein. Mainz 1966, S. 9.

verabschied mich von meiner Fraa,
und rief beim Auseinandergehn:
Wer weiß, ob wir uns wiedersehn?
Wenn ich bis morje früh um vier
im Bett nit lei, brav newe dir,
die Nachsitzung find, sei nit platt,
dann in der Wormser Gegend statt.
Ihr lacht darüber, und dabei
war mancher Mainzer hier so frei,
vor Monden noch zu fragen froh:
Na, Seppel, biste als noch do? [152]

Zuständig für „Kritik in der Bütt"-Delinquenten war nach 1934 das Lager in Dachau. Was dieser Ortsnamen bedeutete, war dem Publikum der Büttenredner selbstverständlich klar. Sonst wäre er in den Büttenreden ja nicht verwendet worden. Dies sei den „Zeitzeugen" gesagt, die bis auf den heutigen Tag behaupten, man habe damals vom KZ Dachau nichts gewusst. (Ich kann mich erinnern, vor ein paar Jahren sogar einem Foto eines Festwagens aus dem Mainzer Karnevalszug des Jahres 1939 begegnet zu sein. Auf den langen Seitenflächen des Wagens stand groß: AB NACH DACHAU!)

Im Karneval 1935 nannte Glückert in der Bütt vor einem mehrere Hundert Narren umfassenden, sehr aufmerksamen Publikum den Namen dieses berüchtigten Lagers in riskanten Zusammenhängen:

Diese sah'n uns närr'sche Spitzen
schon im Geist in Dachau sitzen,
ohne Mitleid, ohn' Bedauern,
lebenslang als Erbhofbauern.[153]

Das verstanden die Mainzer Narren. Sie bewunderten Glückerts Mut. Die Popularität dieses Karnevalspräsidenten verhinderte ein Verbot seiner Büttenreden und seine Einweisung in ein „Umerziehungslager".

3. Bezweckter Humor

3.1. NS- WITZE UND -KARIKATUREN

Schon seit 1923 erschien DER STÜRMER im Nürnberger Verlag von Julius Streicher. Der Untertitel dieser Wochenzeitung hieß: „Deutsches Wochenblatt zum Kampf um die Wahrheit". Ihre einzige Aufgabe war Judenhetze. Ab 1933 hing in jeder deutschen Gemeinde, gleichgültig welcher Größe, ein sogenannter „Stürmer-Kasten" (ein verglaster Aushängekasten) an der Rathauswand, der Wand der

---

[152] Keim, Dr. Anton M.: 11 MAL POLITISCHER KARNEVAL. Weltgeschichte aus der Bütt. Geschichte der demokratischen Narrentradition vom Rhein. Mainz 1966, S. 192.
[153] Ebenda, S. 206.

Gemeindeverwaltung oder einem anderen zentralen Platz, an dem viele Passanten vorüberkamen. Darin wurde die jeweils neueste Ausgabe des STÜRMERs ausgehängt. Neben vielen anderen Aktionen sollte auch diese Maßnahme dazu dienen, die Deutschen im Sinne des politischen Programms der NSDAP pauschal zu Judenhassern zu erziehen.
Diese Zeitung enthielt jeweils bösartige Karikaturen von Juden, die damit der Lächerlichkeit preisgegeben werden sollten. Außerdem gab es in jeder Ausgabe die Rubrik „Etwas zum Lachen": Witze, in denen jeweils die angebliche Gerissenheit und Geldgier der Juden Anlass zu Heiterkeit geben sollte.
Ein Beispiel:

Der Jude Pinkus und ein Nichtjude sind im Walde von Räubern überfallen worden. Eben schicken sich die Wegelagerer an, die beiden auszuplündern. Da zieht Pinkus schnell seine Brieftasche heraus und sagt zu seinem Leidensgenossen: „Ja, richtig, ich bin Ihnen noch 500 Schilling schuldig, da haben Sie sie zurück!"[154]

Ein führender Karikaturist und Zeichner des STÜRMER ist Fips (Philipp Rupprecht)[155], der auch, wie schon erwähnt, das antisemitische, von E. Hiemer verfasste STÜRMER-Jugendbuch DER GIFTPILZ (1938) illustrierte.

Eine Mischung zwischen verordnetem und unfreiwilligem Humor stellt das im August 1933 mit Hitlers Einverständnis erschienene, aufwändig ausgestattete „Bildsammelwerk" HITLER IN DER KARIKATUR DER WELT dar, erschienen im Verlag „Braune Bücher", Berlin. (Untertitel: „Tat gegen Tinte"). Herausgeber war Ernst („Putzi") Hanfstaengl, der in den USA studiert hatte und mit Churchills Sohn befreundet war. 1919 nach Deutschland zurückgekehrt, war er während der ersten Jahre der NSDAP und der NS-Diktatur Hitlers Freund und Bewunderer. Ab 1931 bekleidete er das Amt des Auslandspressechefs der NSDAP. Er bemühte sich darum, das Image Hitlers im Ausland zu verbessern. In diesem Kontext muss man wohl auch sein „Bildsammelwerk" HITLER IN DER KARIKATUR DER WELT sehen.
1937 emigrierte er nach England, wo er interniert wurde. Im Jahr 1942 holte ihn Präsident Roosevelt als Berater in die USA.

In diesem Buch, von dem in der vorliegenden Arbeit schon die Rede war, stellte Hanfstaengl eine Reihe in- und ausländischer Karikaturen aus der Zeit vor dem 30. Januar 1933 zusammen, die Hitler, die Nazis oder das Programm der NSDAP kritisch sahen. Jeweils auf der rechten Seite wurde die Karikatur gezeigt, die Hitler oft in lächerlicher Pose zeigte, mit dem dazugehörigen Originaltext. Auf der linken Seite wurde unter der Überschrift „Tinte" so schlicht erklärt, was die Karikatur sagen wollte, dass es auch der „Volksgenosse" mit der bescheidensten Bildung

---

[154] Herzog, Rudolf: HEIL HITLER, DAS SCHWEIN IST TOT! Frankfurt 2006, S.132.
[155] BROCKHAUS ENZYKLOPÄDIE in 24 Bd., 20. Aufl. Mannheim 1996 – 1999, Bd. 21, S. 309.

verstehen konnte. Darunter, unter der Überschrift „Tatsache", wurde sarkastisch dargelegt, in welcher Weise diese Karikatur sich irrt oder sich geirrt hat.
Beispiel: Auf Seite 155 ist eine Karikatur der WIENER SONN- UND MONTAGS-ZEITUNG vom 24. Juli 1933 unter der Überschrift. DER LAUSBUB. HITLER, DAS VOLK UND DIE SCHWERINDUSTRIE abgebildet. Im Vordergrund sieht man Hitler im Frack vor einem üppig gedeckten Tisch auf einer Party von Industriellen und hohen Offizieren sich vor einem der Anwesenden verneigend, ein Sektglas in der Hand, während draußen eine Menge mit dem Transparent AUCH HITLER HAT UNS VERRATEN vorbei zieht. Darunter steht:

Der Stoßseufzer des Reichskanzlers: „Jetzt weiß ich schon selbst nicht mehr, bin ich ein Bolschewik oder ein Kapitalist?"

Daneben, auf S. 154:

Tinte: der Wunsch ist hier der Vater des Gedankens, dass Hitler, im Besitze der Macht, den gleichen Ausschweifungen frönen werde, wie sie sich die „Sekt- und Kaviarbonzen" der marxistischen Epoche von 1918 – 1933 geleistet haben.

Tatsache: Jedes Kind weiß, dass Hitler nicht nur Vegetarier, sondern auch Antialkoholiker ist und seine Lebensweise, allem Luxus und Wohlleben abhold, ganz nach den spartanischen Grundsätzen der Einfachheit und der Selbstzucht führt. Auf dieser vorbildlichen Einfachheit des Führers in allen Dingen des Lebens beruht es, dass Hitler heute ein in der deutschen Geschichte noch nicht dagewesenes Popularitätsphänomen ist.

Ein anderes Beispiel auf S. 120/121:
Eine Karikatur von THE NATION, New York, vom 5. April 1933 zeigt den Tod mit einer Hitlermaske und einem Hakenkreuz (vier Sensenblätter) über eine Marschformation SA-Mützen tragender Gerippe gebeugt.
Links daneben:

Tinte: Das Bild will besagen, dass Hitler zum Kriege hetze.

Tatsache: Am 15. Juli 1933 unterzeichnete Hitler durch den deutschen Botschafter in Rom den „Viermächtepakt", durch welchen der Frieden Europas auf zehn Jahre durch England, Frankreich, Italien und Deutschland gesichert wird.

Hierbei bleibt einem das Gelächter in der Kehle stecken.

Unerklärlich, dass der humorlose Hitler sein Einverständnis zur Veröffentlichung dieser Sammlung gegeben hat. Litt er schon damals an Realitätsverlust? Oder betrachtete er die allseitige Kritik, nachdem er die Macht über Deutschland erlangt hatte, nur als Gekläff überheblicher Feinde, die ihn unterschätzt hatten?
In den unterschiedlichsten in- und ausländischen Zeitungen wurde er dargestellt:
als Lyriker mit Harfe (SIMPLICISSIMUS, München, 16. 1. 1928),
als SA-Mann mit Hakenkreuzaugen (SIMPLICISSIMUS, München, 11. 6. 1928),
als General einer Zinnsoldaten-Armee (ULK, Berlin, 28. 3.1930)

als Pickelhaubensoldat, aus einem Kanonenrohr kriechend (ST. LOUIS POST-DISPATSCH, USA, 18.10. 1930),
als Häuptling vom Stamm der Kopfjäger in vollem Kriegsschmuck (ULK, Berlin, 7. 10. 1930),
als Reiter auf einem Krebs, der sich – rückwärts kriechend – von der aufgehenden Sonne „Diktatur" entfernt (VORWÄRTS, Berlin, 28. 4. 1931),
als vom Himmel herabschwebender „Gottgesandter" mit Engelsflügeln im hakenkreuzbestickten Nachthemd (8-UHR-ABENDBLATT, Berlin, 18. 6. 1931),
als Eulenspiegel (J' ACCUSE!, London, 23. 3. 1933),
als Männchen in viel zu großer Uniform mit Riesensäbel (THE NEW YORK TIMES, New York, 26. 3.1933),
als Hornissennest-Bekämpfer (NEW YORK EVENING JOURNAL, New York, 3. 4. 1933),
als Kanonenrohr, das die Friedenstaube wegpustet (THE NATION, New York Frühjahr 1933),
als Nero mit Leier vor brennenden Büchern (L'INTRANSIGEANT, Paris, Mai 1933),
als Napoleon, auf einem Gräberfeld posierend (Eine spanische Zeitung im Frühjahr 1933),
als Betreiber einer Fleischhackmaschine (LENINGRADSKAJA PRAWDA, Petersburg, 17. März 1933),
als aufgeblasener Luftballon, (THE EVENING STANDARD, London, 26. 6.1933),
als Nachtmahr-Geplagter (LIBERALE WEGWIJZER, Rotterdam, 30. 6. 1933),
als Hakenkreuz (HAAGSCHE POST, Haag, Juni 1933)
und als vieles andere.

Vor allem der Hanfstaengl'sche Begleittext wird den Gegnern Hitlers Anlass zu Gelächter gegeben haben!

1940, nach dem militärischen Sieg über Frankreich, veröffentlichte das NS-Regime noch einmal eine Sammlung ausländischer Karikaturen, diesmal unter dem Titel GELÄCHTER ÜBER EINE ZERBROCHENE WELT. Karikaturen aus deutschen, italienischen, englischen, französischen, schweizerischen, schwedischen und amerikanischen Zeitungen und Zeitschriften.[156]

Diese Sammlung erschien im „Völkischen Verlag Düsseldorf". Herausgeber war nicht mehr Ernst Hanfstaengl. Der hatte inzwischen, wie schon erwähnt, das Weite gesucht. Diesmal war es ein Hermann Jung. Das ganze Buch wirkt bescheidener als die Hanfstaengl-Sammlung. Man hält auch keine „Tinte- und Tatsache-Gegenüberstellungen" mehr für nötig, nur noch eine knappe Lächerlichmachung jeder dargestellten Szene.

---

[156] Jung, Hermann (Hg.): GELÄCHTER ÜBER EINE ZERBROCHENE WELT. Karikaturen aus deutschen, italienischen, englischen, französischen, schweizerischen, schwedischen und amerikanischen Zeitungen und Zeitschriften. Düsseldorf 1940.

Was aus NS-Sicht nötig ist zu sagen – und das ist vor allem die Absicht, England zu verhöhnen –, enthält das ellenlange Vorwort.
Ein Auszug von S. 9:

So sitzen wir vor den Trümmern der britischen Welt. Und ein homerisches Gelächter steigt auf aus diesem Scherbenhaufen. Da steht der tausendfach bewährte hysterische Regenschirm Chamberlains, aber er ist zerfetzt. Gegen deutsche Fliegerbomben bietet er keinen Schutz. (...) Und wie war es mit dem Kartensystem, mit der Altmaterialsammlung und mit der Aktion „Kampf dem Verderb“? Monatelang verhöhnten die britischen Witzblätter die weisen Vorkehrungen nationalsozialistischer Volkswirtschaft. Ganze Bände wurden vollgeschmiert mit Karikaturen und Spottversen. (...) Nichts als betrogene Betrüger und gebluffte Bluffer auf siegreichem Rückzug von Narvik bis Dünkirchen, von Oran bis Dakar. Und was blieb? Eine zerbrochene Welt.

Diese Sammlung in Querformat enthält elf Kapitel:
Die Komödie der Irrungen oder: John Bulls Wallfahrt nach Moskau
Der hysterische Regenschirm
Der Krieg – ein Spaziergang
Englands Schuld an Neutralen und Eingeborenen
Die Juden Frankreichs Unglück – eine Lanze für den Poilu
Das glorreiche Amazonenkorps
Die Ente und das Gerücht – Englands „geheime“ Waffe
Die Achse lacht
Der Krieg – immer noch ein großes Geschäft?
Zerstörte Illusionen
Der Globus – leicht verändert.
(Jedes Kapitel hat noch einmal ein – wenn auch kürzeres – Vorwort.)

Die Karikaturen? Der NEBELSPALTER (Schweiz) zeigt zum Beispiel einen Hamsterer von Hüten. Er trägt sieben Hüte aufeinandergestapelt. Der NS-Kommentar dazu: „Hamsterei, die Folge der britischen Blockade bei den Neutralen“.
Die englische Zeitung DAYLY EXPRESS zeigt einen englischen Soldaten, der ein Küchengerät betrachtet:

„An der Westfront sollen Stoßtrupps mit Panzern ausgerüstet sein.- Da nehme ich am besten einen Büchsenöffner mit...“

Der NS-Kommentar dazu: Die Engländer dachten, es sei ein Spaziergang nach Berlin...

Der NEBELSPALTER (Schweiz) zeigt eine Frau neben einem Zeitung lesenden Mann.

„Schlechte Kriegsnachrichten?“ – „Und ob, der Dollar fällt...“

Hierfür scheint kein NS-Kommentar nötig zu sein.

Wenn man diese Karikaturensammlung heute betrachtet, stößt man ab und zu auf etwas, das einen schmunzeln lässt. Zum Beispiel, wenn in einer Karikatur aus der französischen Zeitschrift CANDIDE eine Henne der Menschenmenge, von der sie erwartungsvoll umlagert wird, nervös zugackert:

„Wenn ihr nicht aufhört mit eurer Bewachung, dann lege ich es überhaupt nicht, dieses Ei!“

NS-Kommentar: Die Eier werden rar.

Aber sobald das Niveau der Karikaturen wie das der NS-Kommentare absackt bis zu niedrigster Lächerlichmachung und Verhöhnung, verflüchtigt sich jeder Hauch von Humor.
Auch damals wird dieses Buch in Deutschland kaum große Heiterkeit ausgelöst haben, nicht einmal bei überzeugten Nazis. Der Krieg war ja noch nicht zu Ende.

3.2. PLAKATAKTIONEN DES PROPAGANDA-MINISTERIUMS

Zeitzeugen werden sich vor allem an die Aktionen „Achtung, Feind hört mit!“ und „Kohlenklau“ erinnern. Während die „Achtung, Feind hört mit!“-Plakate, die die Silhouette einer diagonal nach vorn gereckten, lauschenden männlichen Figur in Mantel und Hut zeigten, nichts mit Humor zu tun hatten, wurde der „Kohlenklau“ auf heitere Weise in vielfacher Aktion gezeigt und beschrieben.
Hier eine Beschreibung dieser Figur, Symbol für Energieverschwendung:

KOHLENKLAU
Die Rüstungsindustrie fraß im Krieg gewaltige Energiemengen; Heizmittel für den privaten Gebrauch wurden knapp. Die NS-Propaganda startete daher 1942 / 43 eine ihrer aufwendigsten Aktionen: Sie ließ einen Finsterling namens „Kohlenklau“ umgehen. Auf Plakaten und in Anzeigen warnte ein schnauzbärtiger Energieräuber überall vor den schrecklichen Folgen der Verschwendung und hielt dazu an, Fenster geschlossen zu halten und nicht unnötig Licht zu brennen. Sogar ein Würfelspiel mit der Kohlenklaufigur wurde herausgebracht.[157]

Kleinen Kindern wurde oft mit ihm gedroht: „Wenn du nicht artig bist, dann kommt der Kohlenklau!“ Und wenn man im Familienkreis etwas vermisste, wurde gejuxt: „Das war bestimmt der Kohlenklau...“
Mit anderen Worten: Die vom Propagandaministerium erfundene Phantasiefigur „Kohlenklau“, ein notorischer Dieb, verselbständigte sich und spielte eine Buhmann-Rolle im Leben der deutschen Bevölkerung.

3.3. SPASS FÜR DIE JUGEND

Erika Mann soll hier zur Situation der Jugend in der NS-Diktatur etwas ausführlicher als üblich zu Wort kommen, weil sie in diesem Textabschnitt das

---

[157] Bedürftig, Friedemann: LEXIKON DRITTES REICH. Hamburg 1994. TB-Ausgabe München 1997, S. 192.

Wesentliche des Problems treffend zusammenfasst. (Auszug aus ihrem Buch DIE SCHULE DER BARBAREN, auf Deutsch 1938 im Amsterdamer Querido-Verlag erschienen):

Keine Menschengruppe aber im besonderen wurde so sehr, so entscheidend erfasst von den Wandlungen, welche die Nazi-Diktatur im Leben ihrer Untertanen vornahm, wie die Kinder. Denn während der erwachsene Deutsche zwar erstens Nationalsozialist zu sein hat, zweitens aber doch vorläufig noch Ladenbesitzer oder Fabrikant sein mag, (...), ist das deutsche Kind schon heute ein Nazi-Kind und nichts weiter. Die Schule, die es besucht, ist eine Nazi-Schule, die Jugendorganisation, der es angehört, ist eine Nazi-Organisation, die Filme, zu denen man es zulässt, sind Nazi-Filme, und sein Leben gehört ohne Vorbehalt dem Nazi-Staat. Mögen die Privat- und Einzelinteressen der Erwachsenen in bescheidenstem Ausmaß weiterbestehen (...), – die Jugend kennt keine Privatinteressen mehr, und sie weiß nichts von einer anders und besser regierten Umwelt. In ihrer Unerfahrenheit und schnellgläubigen Bereitschaft lag von Anfang an des „Führers“ beste Chance. Vor allem der Jugend habhaft zu werden, war sein Ehrgeiz, wie es der Ehrgeiz jedes Diktators sein muss. Denn erstens stellt die Jugend, eben vermöge ihrer Unwissenheit, beinahe immer die Stelle des schwächsten Widerstandes dar, zweitens aber werden die Kinder von heute die Erwachsenen von morgen sein, und wer sie wirklich erobert hat, mag sich schmeicheln, Herr der Zukunft zu sein.[158]

Aber Kinder und Jugendliche sind allein mit Pathos, Gefolgschaftstreue und gläubiger Inbrunst auf die Dauer nicht bei der Stange zu halten. Sie brauchen auch Spaß, Heiterkeit, Anreize zum Lachen. Das heißt, sie wollen sich amüsieren, wollen sich lockern dürfen. Das war den NS-Pädagogen klar. Deshalb boten sie der jüngsten Generation neben dem obligatorischen ernsten Programm auch allerlei Erheiterndes.

Zum Beispiel enthielten die bekanntesten nationalsozialistisch ausgerichteten, vom NS-Lehrerbund herausgegebenen Jugendzeitschriften DEUTSCHE JUGENDBURG (für die Unterstufe) und HILF MIT! (für die Mittel- und Oberstufe) Witze, Rätsel und Anleitungen zu heiteren Spielen.

Ein Beispiel aus DEUTSCHE JUGENDBURG, August 1937, Heft 11, S. 28: Unter der Überschrift „Kunterbunt und Lachen“ erscheint das Foto eines kleinen schwarzen Hundes, daneben das vierstrophige Gedicht „Der Liebling“. Die beiden letzten Strophen lauten:

Er ist toller Knochenknacker,
frisst auch gerne Zuckersachen,
ist ein echter Teufelsracker,
und kann jeden fröhlich machen.

Frauchen liebt ihn, wie sonst keinen
(Herrchen dabei ausgenommen);
Bärchen wird, so will mir's scheinen,
trotzdem auf die Kosten kommen.

---

[158] Zitiert in: Wild, Rainer (Hg.): GESCHICHTE DER DEUTSCHEN KINDER- UND JUGENDLITERATUR, Stuttgart 1990, S. 293.

Anschließend werden drei heitere „Spiele im Freien" mit Text und Zeichnung erklärt: „Der Hahnenkampf", „Das Stemmen" und „Das Fingerhakeln". Sieben Witze folgen.
Hier zwei davon:

Ein Käufer kommt in eine Apotheke und verlangt 100 Mottenkugeln. Der Apotheker gibt ihm die Kugeln. Am nächsten Tag kommt der Käufer wieder, verlangt aber jetzt 1000 Mottenkugeln. Der Apotheker ist nicht wenig erstaunt und fragt: „Wozu brauchen Sie denn die vielen Kugeln?"
Käufer: „Na, was denken Sie, wie viel Kugeln ich gebrauche, bis ich eine Motte treffe!"

Kurt will die Schule schwänzen. Er geht an das Telephon und meldet dem Lehrer mit verstellter Stimme: „Mein Sohn ist krank. Er kann leider heute nicht kommen."
Auf die unerwartete Frage des Lehrers: „Wer ist denn da?" antwortet er stotternd: „Mein Vater!"

Den Schluss der beiden heiter-unterhaltenden Seiten bilden die „Rätselauflösungen aus Nr. 10".
In der HILF MIT!-Schülerzeitschrift für die älteren Jugendlichen bietet das NS-System schon weniger Heiteres. Hier der Inhalt des 5. Jahrgangs (Oktober 1937 bis September 1938), nach Stoffgebieten geordnet:
Jugend im Dritten Reich / Aus dem Schulleben / Körperliche Erziehung / Wehrerziehung / Luftschutz und Luftfahrt / Deutschkunde / Musikerziehung / Kunsterziehung und Werkunterricht / Geschichte / Zeitgeschichte / Rassen- und Lebenskunde / Biologie / Naturwissenschaften und Technik / Erdkunde / Deutsche Arbeit und Wirtschaft / Schadenverhütung / Volkswohlfahrt.

Eine Rubrik „Humor" ist nicht darunter. Vereinzelt findet man in den Stoffgebieten Heiteres bzw. etwas, was Heiteres vermuten lässt. Z. B. erscheint im Stoffgebiet „Jugend im Dritten Reich" der Beitrag „Der Hexenbäcker. Eine lustige Mädelgeschichte". Oder „Kleine Sachen...aber zum Lachen". In der Rubrik „Körperliche Erziehung" erscheint der Beitrag „Ein Junge lacht in den Winter", unter „Deutschkunde" findet man „Lachen im Wildwesttheater". Witze-Seiten gibt es nicht, wohl aber Rätsel-Seiten.
Wenn man die Hefte durchblättert, kann man auch mal auf etwas Heiteres in den Erzähltexten stoßen, wenn man so etwas überhaupt als heiter empfindet: In der Erzählung „Ein Soldat erzählt von seiner Bunkerzeitung" erscheint eine Zeichnung mit dem Begleittext in Sütterlinschrift:

Der Drahtverhau uns sehr viel nützt,
weil er uns vor dem Feinde schützt.
Jedoch, wenn er auch nicht gleich bricht,
als Hängematte taugt er nicht![159]

Allerdings weiß ich aus eigener Erfahrung, dass es in den „Heimabenden" beim BDM nicht nur todernst zuging. Oft ließen die Führerinnen – von „oben" dazu motiviert – solche Abende mit sehr heiteren Gesellschaftsspielen ausklingen: mit

[159] HILF MIT! Illustrierte deutsche Schülerzeitung. Nr. 7, 1940, S. 102.

Scharaden, „Stille Post“, „Zublinzeln“, „Blinde Kuh“ und vielen anderen derartigen Belustigungen, die keinerlei Langeweile aufkommen ließen und die Mitspieler zuweilen in die lächerlichsten Lagen brachten. Vor allem HJ- und BDM-Gruppen wurden auch angehalten, öffentliche „Bunte Nachmittage“ oder „Bunte Abende“ zu veranstalten, mit Programmen, die die Zuschauer erheiterten: Kasperle- und/oder Schattentheater, heitere Gedichte, Lieder, Sketche, kleine Zaubereien, Clownsszenen und dergleichen mehr. Wobei die Organisation und die Programmzusammenstellung meistens der Jugend selbst überlassen wurde, als Herausforderung ihres Könnens.

In Reinhard Gröpers ERHOFFTER JUBEL ÜBER DEN ENDSIEG. (Untertitel: „Tagebuch eines Hitlerjungen 1943 – 1945“[160]) begegnet man diesen „Bunten Abenden“, entweder als Schulveranstaltungen oder Veranstaltungen der HJ, des BDM, der Spielschar. Reinhard Gröper ist zur Zeit der Niederschrift dieses Berichts in seinem Tagebuch 15 Jahre alt.

Sonnabend, den 8. VII. 44.
...Am Abend kam dann die große Sache, auf die das Rottweiler „Käseblatt“ schon seit drei Tagen hinweist: der Bunte Abend des KLV-Standorts Rottweil. – (KLV=Kinderlandverschickung. G. P.) Wider Erwarten war der Saal ganz gefüllt. Sehr viele Leute mussten sogar stehen (es waren ungefähr 500 Leute anwesend). Als Einleitung spielten zwei ein Stück von Mozart auf dem Klavier und hatten großen Erfolg. Nach dem Lied „Guten Abend, euch allen hier beisamm' “ sprach der Chef. Dann folgte ein spöttisches Gedicht auf „unsere amtlich festgestellten Sünden“, das wieder großen Beifall fand.- Das Schattenspiel klappte sehr gut. – Dann folgte der Sport, der auch wieder sehr gefiel. Ein hübsches Zwiegespräch war eingeschaltet. Dann kam das gespielte Lied „Ein Mann, der sich Kolumbus nannt'“ und Kurzgedichte. Den meisten Erfolg hatte aber das Laienspiel „Die fünfmal verkaufte Sau“. Schon unsere tolle Kostümierung und Bemalung wirkte ungeheuer. Ich sah so aus: Ich trug meinen grauen Anzug, schwarze Schleife, einen kleinen weißen Schal und einen flachen braunen Hut. Dazu hatte ich mir einen Backenbart fast bis ans Kinn und einen Bart gemalt. Außerdem trug ich noch ein Monokel. – Ich hatte einen großen Erfolg. Schon wie ich das erste Mal auf die Bühne kam, lachte alles. – (...) Der Abend war ein großer und durchschlagender Erfolg. Bannführer Gassmann (HJ-Charge. G. P.) hat sich furchtbar geärgert, dass er noch keinen solchen Abend fertiggebracht hat. Unter den Ehrengästen waren noch der Bürgermeister und Bannführer Distel aus Stuttgart. (S. 172f.)

Nur 12 Tage danach, ausgerechnet am 20. Juli 1944, findet ein heiterer Lagerabend statt. Intern, nicht öffentlich. Reinhard Gröper berichtet:

Ich machte den Ansager. Es wurden Scharaden, Witze und sonstige Spiele vorgeführt – auch eine Ziehharmonika fehlte nicht. Ich führte mit Gerhard Kurrle zusammen zwei Zwiegespräche auf, las die „Kapuzinerpredigt“ aus „Wallensteins Lager“ und wirkte in einer kleinen Hans-Moser-Szene mit. Außerdem „beschummelte“ ich noch einige auf jüdisch, „foppte“ einige so und pries die seltsamsten Waren an. – Ein Rottweiler HJ-Führer trug sehr hübsche Gedichte vor. Am besten gefiel mir davon „Der Überzieher“. („hier das Essen, hier das Bier, hinter mir der Überzieh'r; seh' ich weg von dem Fleck, ist der Überzieher weg.“) und „Der Blusenkauf“. Eine sehr hübsche Scharade von Kl. 3b war „Gau-fuß-ball-fach-wart“ (Dr. Schumm). (S. 184)

[160] Gröper, Reinhard: ERHOFFTER JUBEL ÜBER DEN ENDSIEG. Tagebuch eines Hitlerjungen 1943 – 1945. Sigmaringen 1996.

Eine heitere Veranstaltung jagt die andere. Am Mittwoch, dem 23. August 1944 organisiert Reinhard einen Bunten Abend ganz allein:

...am Abend marschierten wir von der KLV nach Lauterbach, wo wir in der Turnhalle spielen sollten. (...) Als Bühne war eine Anzahl wackliger Tische nebeneinandergestellt, doch da das Spielen auf ihr mit Lebensgefahr verbunden war, ließ ich sie wegräumen. – Unser Programm von 19 Nummern war in 1 ½ Stunden abgewickelt, und wir ernteten rasenden Beifall. (S. 202)

Reinhard berichtet seinem Vater in einem Brief vom 8. Sept. 1944 darüber:

Am Nachmittag hatte ich etwas Lampenfieber, das ist schon zu verstehen, denn schließlich war das ja mein erster öffentlicher Abend, den ich geleitet habe. (...) Der Abend wurde ein großer Erfolg. Ich lege Dir die Zeitungskritik bei; schicke sie mir bitte wieder zurück. (S. 210)

Am 9. September 1944 gestaltet er einen „Kameradschaftsabend“ im Saal der Brauerei „Pflug“ (nicht öffentlich). Noch am selben Tag, nach der Veranstaltung, trägt er in sein Tagebuch ein:

(...) Am Nachmittag hatte ich noch Spielbesprechung mit den Spielern für heute abend. – Der Abend wurde ein stürmischer Erfolg – Anschließend gab es Himbeersaft mit Sprudel und für jeden 1 Stück Zopf. Um ½ 11 kam ich dann nach Hause. (S. 210)

Am 16.Januar 1945 führt er zusammen mit einem Mitschüler ein Kasperlestück für Kinder mit dem Titel „Die verfaulten Kartoffeln“ (selbstverfasst?) öffentlich in der Gaststätte „Fahne“ in Rottweil-Altstadt auf. Er schreibt noch am selben Tag in sein Tagebuch, die Kinder seien voller Freude gewesen. Aber sie seien kurz von (Flieger- G. P.) Alarm unterbrochen worden. (S. 271)
Auch Teile des Tagesprogramms sind humorvoll eingefärbt. Auf einem Führernachwuchs-Schulungslager schildert Reinhard am 25. Januar 1945 nach einem lebhaften Geländespiel im Schnee („Wolfsjagd“) die Gestaltung des gemeinsamen Abends:

Nach dem Nachtessen las Rudi Geschichten von Münchhausen, Verse von Wilhelm Busch, unsere zwei Flötenspieler Theo und Willi spielten als Umrahmung auf der Blockflöte Volkslieder zweistimmig. (S. 274)

Am Sonntag, dem 4. Februar 1945 folgt wieder ein Bunter Abend, diesmal als Abschiedsveranstaltung des Schulungslagers. Am Nachmittag findet die Hauptprobe statt, am Abend fahren die Lagerteilnehmer im Dunkeln auf Schiern zum „Otto-Hoffmeister-Haus“:

...wo dann auch bald das Spiel begann. (Das Programm ist im Tagebuch durch Zeichnungen dargestellt. G. P.) Das war unser Bunter Abend. Ein großer Erfolg. (S. 283)

Diese Aufzeichnungen lassen erahnen, wie die Spitze der NS-Diktatur fast bis zu allerletzt versuchte, das Volk – vor allem die Jugend – durch humorige Veranstaltungen und heitere Darbietungen bei Laune zu halten und an den „Endsieg“ hoffen zu lassen.

3.4. KDF (KRAFT DURCH FREUDE)

Das NS-System beanspruchte auch das Recht, in die Freizeit der arbeitenden Bevölkerung gestaltend einzugreifen und ihr damit nicht nur Erholung, sondern auch Erleben zu vermitteln. Diese Aufgabe fiel der Deutschen Arbeitsfront (DAF) zu, der Nachfolgeorganisation der Gewerkschaft. Mit reizvollen Angeboten sollte die Erholung optimiert und damit mehr Leistungskraft erreicht und Gemeinschaftsgefühl geschaffen werden.
Als Unterabteilung der DAF wurde dafür die vom nationalsozialistischen Staat stark subventionierte Organisation „Kraft durch Freude" ins Leben gerufen. Sie war in fünf Ämter gegliedert. Über deren Aufgaben erfährt man aus dem LEXIKON DRITTES REICH:

1. Das Amt „Feierabend" veranstaltete Theateraufführungen, Konzerte u.a., die bis 1939 von rund 38 Millionen besucht wurden.
2 Das Sportamt leitete den Betriebssport.
3 Das Amt „Schönheit der Arbeit" bemühte sich um Verbesserungen der Arbeitsbedingungen.
4. Das Amt „Wehrmachtsheime" sorgte für den „Reichsarbeitsdienst" und die Truppe.
5. Das Amt „Reisen, Wandern und Urlaub" war mit seinen Angeboten zum verbilligten Aufenthalt in Erholungsheimen, (von) Skireisen und erschwinglichen Kreuzfahrten mit der „weißen Flotte des Friedens" das populärste.[161]

Das war das KdF-Angebot. Vor allem die KdF-Kreuzfahrten brachten dem Hitler-Regime viel Zustimmung und Dankbarkeit ein, ermöglichten sie doch auch „Volksgenossen" mit kleinen Einkommen, daran teilzunehmen: ein Luxus, von dem Arbeiter, Kleinlandwirte, Handwerksgesellen und ihre Frauen bisher nur träumen konnten.
Bekannte Sänger, Schauspieler, Humoristen, Komiker wurden engagiert, um auf diesen Kreuzfahrten das Publikum zu unterhalten und erheitern.
Natürlich war auch den Nazis bekannt, dass Humor immer gut ankam.

3.5. HEITERE LAZARETTVERANSTALTUNGEN

Während des Krieges fanden zahlreiche „Bunte Nachmittage" oder „Bunte Abende" in Lazaretten statt, um die verwundeten Soldaten, deren Lebensmut sicher oft sehr gelitten hatte, zu zerstreuen und aufzuheitern.
Das war Aufgabe der Spielschar, einer Sondergruppe des BDM und der HJ. Musikalische und /oder schauspielerisch begabte Mitglieder der beiden Jugendorganisationen bildeten eine Gruppe, die Unterhaltungsprogramme vor allem für Lazarette zu gestalten und einzuüben hatte. Die Anweisung „von oben" lief darauf hinaus, dass keine *ernsten Feierstunden* zum Lob des Führers und der Partei usw. gewünscht seien, sondern heitere, rein unterhaltende, Lebenslust erzeugende Veranstaltungen, deren Programm sich also zusammensetzte aus aufheiternden Liedern, bei denen das Publikum manchmal auch mit einbezogen werden konnte,

---

[161] Bedürftig, Friedemann: LEXIKON DRITTES REICH. Hamburg 1994, TB. Ausgabe München 1997, S.196.

witzigen Gedichten, kurzen Laienspielen, z.B. einen von Hans Sachs' Schwänken (wie „Das Kälberbrüten", eventuell Darbietungen bekannter, kurzer, klassischer Musikstücke von Jugend-Kammerorchestern.

In vielen Erinnerungsbüchern heutiger alter Leute, die in ihrer Jugend NS-Spielscharen angehört haben, begegnet man Veranstaltungen dieser Art in Lazaretten. Auch ich war von meinem 14. bis 17. Lebensjahr Mitglied einer Spielschar und habe bei zahlreichen Veranstaltungen in Lazaretten mitgewirkt.

4. Unfreiwilliger Humor

4.1. LYRIK

Es ist unglaublich, zu wie viel Kitschproduktion das Phänomen Hitler das deutsche Volk motiviert hat. Vor allem lyrische Ergüsse seiner Verehrer und Bewunderer beiderlei Geschlechts mögen denen, die damals *nicht* dem NS-Rausch verfielen, großes Vergnügen bereitet haben.

Hier zum Beispiel eine weihnachtliche Preisung Hitlers, verfasst von einem Fritz von Rabenau, dessen Gedichtband STILLE NACHT (Berlin 1934) 16 lyrische Kreationen umfasst. Eine mit dem Titel „Der Erlöser" enthält die Zeilen:

Für unser deutsches Land
hat Christus uns gesandt
den Führer, der uns all entzückt...

Ein anderes seiner Gedichte liest sich so:

Stille Nacht, heilige Nacht,
Alles schläft, einsam wacht
Nur der Kanzler treuer Hut,
Wacht zu Deutschlands Gedeihen gut.
Immer für uns bedacht.

Stille Nacht, heilige Nacht,
Alles schläft, einsam wacht
Adolf Hitler für Deutschlands Geschick,
Führt uns zur Größe, zum Ruhm und zum Glück,
Gibt uns Deutschen die Macht.

Stille Nacht, heilige Nacht,
Alles schläft, einsam wacht
Unser Führer für deutsches Land,
Von uns allen die Sorgen er bannt,
Dass die Sonne uns lacht.[162]

---

[162] Zitiert in: Wulf, Joseph (Hg.): LITERATUR UND DICHTUNG IM DRITTEN REICH. Eine Dokumentation. Frankfurt/M /Berlin / Wien 1983, S. 418f.

Vor allem im Jahr 1933 hatten Lyrikergüsse von Hitlerverehrern Konjunktur. Eine (oder ein) Friedel Schlitzberger veröffentlichte einen Gedichtband mit dem Titel ADOLF HITLER – VON GOTT DEUTSCHLAND GESANDT, Stolberg i.H. 1933. Auf Seite 6 findet man folgenden Text:

GANZ IM BANNE DES EDLEN FÜHRERS
Wer einmal in Hitlers Augen geschaut,
der hat Vertrauen auf ihn gebaut,
so leuchtet seine Seele.

Wer einmal nur seinen Worten gelauscht,
der ist in festem Banne, - berauscht.
So hehr klingt seine Stimme.

Doch wessen Hand seine Hand gedrückt,
der bleibt zeitlebens innig beglückt.
So herzlich ist sein Fühlen.[163]

Auch Heribert Menzel, ein bekannter und gefeierter NS-Lyriker, geriet mit seinem Lyrikbändchen IM MARSCHSCHRITT DER SA, Berlin / Leipzig 1933, in die Gefilde des unfreiwilligen Humors. Hier ein Beispiel (gekürzt), S. 47:

DER FÜHRER KOMMT
Im Stadion Millionengewimmel.
Und Fahnen stehn wie ein Wald.
Sie blicken alle zum Himmel.
Nun kommt der Führer bald.

Der Führer! Ja, Gott erhörte
Gepeinigten Volkes Gebet.
Wie haben wir argvoll Betörte
Ihn brünstig uns erfleht!

Still, still. Nun summt es. Der Flieger!
Aufjubelt Millionenschar.
Der Eine! Der Held! Der Sieger!
O Deutschlands neuer Aar! [164]

Heiterkeit mag wohl auch die kleine Lyriksammlung LEIB UND LEBEN gespendet haben.
Es geht hier um das Thema Sport. Thilo Scheller, dem man in der vorliegenden Arbeit mehrmals begegnet, und Johannes Vogel gaben diese Anthologie 1933 in einer „Landsknecht-Presse“ Wittingen, Lüneburger Haide (Originalschreibweise!), heraus.
Zum Ende des Vorwortes heißt es:

---

[163] Zitiert in: Wulf, Joseph (Hg.): LITERATUR UND DICHTUNG IM DRITTEN REICH. Eine Dokumentation. Frankfurt/M / Berlin / Wien 1983, S. 128.
[164] Ebenda, S. 126.

Der nackte Mensch wurde zum Zeichen eines Willens, der das Reine und Einfache erstrebt – nicht unter Ausschaltung des Schweren, des Schicksals, des Göttlichen –, sondern unter ihrer Einbeziehung: Er legt sie wieder innen hinein, wo sie von Natur aus sind. Körperübungen und Kunst werden mit neuen Kräften geladen.
Auf dem begonnenen Wege, mit ihren Kameraden, gehen auch die Menschen, welche die folgenden Gedichte geschrieben haben (Rolf Bongs, Adolf Petrenz, Ernst Fuhry, Jürgen Riel, Hans Roelli, Adolf Schreiber. G. P.) : gewachsen aus ihnen und aus der Gemeinschaft, gekommen aus dem Kampf und dem Erlebnis, bemüht um die Gestaltung. Ein Beginn, ein Aufbruch in neue Zeit und neues Lebensgefühl, ein Anfang.

Gleich das erste Gedicht (Rolf Bongs) stimmt heiter. Man fragt sich, wie ein solches Erzeugnis überhaupt ernst genommen werden konnte!

SOMMERBAD
Öl auf Haupt und Glieder schütte,
gürte leichten Schuh und das Gewand,
eile zu des Wassers Rand im Grünen.
Lass die Kleider, springe nackten hellen Leibes
In das kleingewellte grüne Wasser.
Fische sehen dich erstaunt
Blasenatmend unter Wasser schwimmen,
Algen kleben kosend sich ans Bein. –
Sonne scheint auf deinen Rücken,
nackte Zehe spielt im losen Sand,
und das Hirn macht ungebärdge Sprünge,
angestachelt und erhitzt vom Sonnenbrand.
Müde legt es später sich mit dir zum Schlaf...

Salbe dein Gesicht mit Öl und schreite,
Sonnenbrandes voll, dem Hause zu:
Sieh, du glühst wie eine süße Rose...

Derlei Lyrik hat nicht nur heute Unterhaltungswert! Sicher hat sie auch damals schon bei Menschen, die nicht im verbissenen Ernst der national-sozialistischen Ideologie erstarrt waren, heimliches Gelächter ausgelöst.

4.2. VORWORTE / NACHWORTE

Während der NS-Zeit versuchten in vorauseilender Gefolgschaftstreue viele Romanschriftsteller, Jugendbuchautoren, Verfasser von wissenschaftlichen Werken, Herausgeber von Anthologien, Schulbüchern, Anleitungsbroschüren wie etwa Imkerbüchern oder Handbüchern für Trichinenbeschauer, ihre Ergebenheit gegenüber dem Diktator und dem nationalsozialistischen System in Vor- oder Nachworten auszudrücken.
Das Nach- oder Schlusswort mit dem Titel „Gemeinschaftlich denken – wirtschaftlich handeln“ des HONIGBÜCHLEINS FÜR EINZELHÄNDLER[165] endet mit dem Satz

---

[165] Kickhöffel, K.H. / Rembor, Dr. F.: DAS HONIGBÜCHLEIN DES EINZELHÄNDLERS. Unentbehrliche Honigweisheiten für Ladentisch – Einkauf – Lager. Leipzig, o. J., S. 47.

„Im deutschen Volke ist das Verständnis für deutsche Waren wiederum wach geworden. Damit kommt auch wieder der deutsche Honig auf den deutschen Tisch."

Ein anderes Beispiel: Dr. Hans Naumann, ab 1931 o. Professor für deutsche und nordische Sprachwissenschaft an der Universität Bonn, 1934 bis 1935 dort Rektor, Autor von
„WANDLUNG UND ERFÜLLUNG – Reden und Aufsätze zur germanisch-deutschen Geistesgeschichte", 1933,
GERMANISCHER SCHICKSALSGLAUBE, 1934,
GERMANISCHES GEFOLGSCHAFTSWESEN, 1939,
verfasste folgendes Vorwort zum erstgenannten Buch:

Dem Führer, an dessen Person sich die fremde tote Gestalt vom „unbekannten Soldaten" gewandelt hat zum lebendigen Erwecker der Nation: Leibhaft steht nun neben dem bekanntesten Soldaten des Weltkriegs der „unbekannte" an der Spitze des neuen Reiches.
Dem Dichter, in dessen Werk sich die fremde vornehme Zucht der „Kunst als Selbstzweck" gewandelt hat zu Erziehung und Dienst an der Nation, zu Pflicht und Verantwortung, zu Richteramt und Sehertum: Der geistige Gründer des neuen Reiches ist in ihm erstanden und vorangegangen.
Ihnen beiden, in geheimnisvoller Weise zueinander gehörig, Führern zu geschichtlichem Willen und zu heroischer Haltung aus dem Sumpfe jenes Ungeists, der die Gesinnung an die Materie band; ihnen beiden, in denen sich die germanische Idee von Führertum und Gefolgschaft endlich aufs neue erfüllte, wünscht dies Buch, welches von so adligen Dingen handelt, dass es mit geheimem Untertitel am liebsten „adlige Wissenschaft" heißen möchte, eine freudige Gabe des Dankes für ihr Erscheinen zu sein.

Ein aus unserer nüchternen Sicht gefühlstriefendes Geleitwort zur Dissertation von einem Hans Joachim Düning, DER SA-STUDENT IM KAMPF UM DIE HOCHSCHULE, Weimar 1936, schrieb Prof. Dr. Wolf Meyer-Erlach, evangelischer Pfarrer und Autor von
DER PFARRER IM DRITTEN REICH, Berlin 1933 und
JUDEN, MÖNCHE UND LUTHER, Weimar 1937, u.a.m.:

Horst Wessel ist für alle Zeiten das Urbild der SA-Studenten der Kampfzeit, die verachtet und verlacht von den anderen, missverstanden und bekämpft von ihren Professoren, den Kampf aufnahmen um die deutsche Hochschule. Als Kampfgenossen von Bauern und Arbeitern, als Soldaten des Führers haben sie im Sturme gegen eine volksfremde und lebensferne Gelehrtenschaft, gegen eine Studentenschaft, die schon in der Jugend vergreist, nur noch das Vergangene hüten wollte, die Pforten der Universität von innen gesprengt. Sie haben unter Einsatz ihrer ganzen Existenz dem Strom des Lebens, der durch unser Volk schon jahrelang hindurchflutete, auch im Bereich der Hochschulen freie Bahn gebrochen.[166]

In dem kleinen Buch LEBENSBILDER GERMANISCHER FRAUEN beginnt das Vorwort der Autorin Gisela Wenz-Hartmann so:

[166] Zitiert in: Wulf, Joseph (Hg.): LITERATUR UND DICHTUNG IM DRITTEN REICH. Eine Dokumentation. Berlin / Wien 1983, S. 346.

Der Zukunft zu dienen, das Blut zu wahren, Mutter des Volkes zu sein, das sind die Aufgaben der deutschen Frau im dritten Reich. Genau so wie der Mann, Seite an Seite mit ihm, soll sie ihr Tun und Denken dem Wohl des Vaterlandes unterordnen. Und wir (die Frauen. G.P.) sind stolz darauf, dass uns der Führer mit dieser hohen Aufgabe an einen entscheidenden Platz im Leben unseres Volkes stellt. Wir wissen aber auch, dass er nur das von uns verlangt, was uns von Urzeit her als Erbe unserer Ahnen im Blute liegt...[167]

Im Jahr 1943 erschien das gerade mal 106 Seiten umfassende Heftchen KÖRPERBAU UND LEBENSVORGÄNGE DES MENSCHEN. Untertitel: „Volkstümliche Einführung in die Wunder des menschlichen Körpers – in Frage und Antwort von Dr. Wilhelm Diwok, Leipzig."
Es besteht aus Fragen (des Laien) und Antworten (des Arztes).
Dieses Heft wäre keiner Erwähnung wert, wenn ihm der Verfasser nicht ein Schlusswort mitgegeben hätte. Beginnt man es zu lesen, schüttelt man lachend den Kopf, denn die Vorgänge im menschlichen Körper werden hier auf absurde Weise verglichen mit den demographischen Vorgängen in einem Volk. Aber dann vergeht einem das Lachen, denn die Lektüre wird makaber: Dieser halbseitenlange Text enthält keinen Gefühlsrausch, sondern die brutale, nüchterne NS-Ideologie!

Im politischen Spiel der Blutdrüsen spiegelt sich das ganze menschliche Leben mit seiner Bestimmung. Diese geheime Säfteregierung des wunderbaren menschlichen Zellenstaates sorgt zuerst dafür, dass der Körper unter Ausschluss verfrühter Geschlechtsbetätigung Kraft und Reife erlangt. Dann zwingt sie ihn in den Bann des Fortpflanzungstriebes, damit er in seinen reifen Jahren im Vollbesitz seiner Kraft nicht nur für sich, sondern auch für die Erhaltung und Vermehrung seines Volkes sorge. Und wenn sein Lebensstern sich dann zum Sinken neigt, entzieht sie ihm auch diese Bestimmung und beschränkt sich nun darauf, den alternden Zellenstaat unter Ausschluss außenpolitischer Machtgelüste innerlich in geordneten Verhältnissen zu halten, bis der Tod das morsche Gebäude zusammenfallen lässt.
Am Volksganzen gemessen aber ist der Alterstod des Einzelmenschen nichts anderes als das Abstoßen einer unbrauchbar gewordenen Hautzelle von der Körperoberfläche. Der Volkskörper erleidet durch den Verlust dieser Hautzelle keinen Schaden, vorausgesetzt, dass diese Zelle nicht so entartet war, dass sie es in ihrer Blütezeit versäumte, dem Volkskörper, von dem sie selbst Blut und Leben erhielt, auch wieder neues Leben zu schenken.

Einem so zynischen Vergleich verweigert sich der Humor.

4.3. FANPOST FÜR HITLER UND SKURRILES AUS DEN AKTEN DER NS-REGIERUNG

Im SPIEGEL des Jahres 1993, Heft 48, S. 259f. erschien in der Rubrik „Zeitgeschichte" zusammen mit dem Hinweis auf das neuerschienene Buch DIE RÜCKSEITE DES HAKENKREUZES[168] ein Artikel mit der Überschrift „SOCKEN FÜR

[167] Wenz-Hartmann, Gisela: LEBENSBILDER GERMANISCHER FRAUEN, erschienen in der Reihe Dr. G. Wenz (Hg.): DIE WELT DER GERMANEN, Leipzig o. J.

[168] Heiber, Beatrice und Helmut: DIE RÜCKSEITE DES HAKENKREUZES. Absonderliches aus den Akten des Dritten Reiches. München 1993/ 2001.
Für diese Arbeit wurde die Lizenzausgabe Wiesbaden 2005 verwendet.

ADOLF. Skurril bis skandalös – eine Aktensammlung zeigt bürokratischen Alltagsblödsinn aus Hitlers Umgebung".
Man kann sich vorstellen, dass dieser Blödsinn nicht nur die Heiterkeit von uns Heutigen herausfordert, sondern dass sich auch schon die zuständigen Referenten Hitlers über manches, was da so an Brief- und Sachgut für Hitler ankam, köstlich amüsierten.

Da gab es Anfragen: Ob eine Kirchenglocke den Namen Hitlers tragen dürfe; ob eine physikalische Schwingungseinheit weiterhin „Hertz" heißen dürfe, wo doch der Physiker Heinrich Hertz Halbjude gewesen sei. Usw.

Antworten mussten gegeben werden: Nein, Glocken durften *nicht* nach Hitler benannt werden. Nein, Jesus sei *kein* Jude gewesen. Nein, eine Torte durfte *nicht* „Hitler-Torte" heißen. Und ein Verein von Alkoholgegnern durfte in seinen Broschüren *nicht* mit Hitler als oberstem Abstinenzler werben.

Blättert man das von Beatrice und Helmut Heiber herausgegebene Buch DIE RÜCKSEITE DES HAKENKREUZES durch, stößt man auf Unglaubliches. Ein Beispiel:

7. 4. 1933 *Der Standesbeamte Düsseldorf-Ost an NSDAP-Gauleitung Düsseldorf:*
Heute erschien in dem mir unterstellten Standesamte ein Parteigenosse, der die Geburt seiner Tochter anmeldete und dem Kinde den Vornamen „Hitlerine" beilegen wollte. Der mit der Registerführung beauftragte Beamte hatte Bedenken, diesen Namen einzutragen und holte meine Entscheidung ein. Ich habe daraufhin die Eintragung dieses Namens abgelehnt und dem Parteigenossen nahegelegt, dem Mädchen den Vornamen „Adolfine" zu geben, womit er sich auch einverstanden erklärt hat. (...) Da uns Nationalsozialisten der Name unseres Führers viel zu hehr und heilig ist, als dass wir ihn dem Missbrauch nationalen Kitsches ausliefern lassen, so wäre eine diesbezügliche baldige Entscheidung des Herrn Minister des Innern dringend erwünscht...(S. 125)

Da sich dieser Elternwunsch häufte, wurde am 3. 7. 1933 telefonisch die Weisung ausgegeben:

Reichskanzler gestattet grundsätzlich nicht, den Namen Hitler als Vornamen zu verwenden. (S.135)

Gleichzeitig erfolgte ein „Aktenvermerk Reichsinnenminister mit Erlassentwurf":
Nach Ziffer 148 A. H. hat der Standesbeamte unanständige, anstößige und sinnwidrige Vornamen zurückzuweisen. Andere Beschränkungen in der Wahl eines Vornamens bestehen nicht. Die Gerichte haben daher die Wahl von Vornamen wie Bolschewika und Stahlhelmine für zulässig erklärt. Es ist daher anzunehmen, dass sie auch Vornamen wie Hitler, Hitlerine, Hitlerike oder dergl. nicht für unzulässig ansehen werden. Die Wahl derartiger Vornamen erscheint jedoch im höchsten Grade unerwünscht. Es empfiehlt sich deshalb, ihre Beilegung nach Möglichkeit zu erschweren. (S. 135)

Eine Lehrerin aus Hagenow schickte Hitler im Oktober 1938 ein Päckchen mit einem Begleitbrief:

Während Sie das Sudetenland befreiten, habe ich diese Strümpfe für Sie gestrickt. Nun haben wir beide unser Ziel erreicht, Sie ein großes, ich ein kleines.... (S. 167)

Das Arrangement von über 500 Aktenbelegen, auf das in diesem Artikel hingewiesen wird, nennt der SPIEGEL nicht nur „Alltagsblödsinn", sondern auch „makaber-komisches Panorama".

Ein anderes Beispiel aus Hitlers üppiger Fanpost: der Brief eines Herrn H. H. aus Bad Kreuznach vom 2. 6. 1933, in originalgetreuer Rechtschreibung wiedergegeben (S. 132):

(...) In den letzten drei Jahren wurden meine Patentschuhe von Herren und Damen getragen und praktisch ausprobiert und habe ich zu meiner Freude feststellen müssen, dass die Träger in Zukunft keine anderen Schuhe mehr als nur solche mit meinem Patentverschluss zu tragen wünschen.

Aus großer Dankbarkeit zu dem Herrn Reichskanzler, möchte ich ergebenst den Wunsch aussprechen dem Herrn Kanzler, ebenfalls ein paar Schuhe nach meinem Patent als Geschenk anfertigen lassen zu dürfen, damit der Herr Reichskanzler sich von dem praktischen Wert, sowie Schönheit derselben persönlich überzeugen kann. Sollten die Schuhe zur vollsten Zufriedenheit des Herrn Kanzler ausfallen, dann möchte ich ergebenst bitten mir zu gestatten, bei Fabrikation der Schuhe, dieselben als *Adolf Hitler-Schuhe* bezeichnen und in den Handel bringen zu dürfen (...)

Ich bitte den Herrn Reichskanzler, ergebenst um Erfüllung meines Wunsches und bitte gleichzeitig mir mitteilen zu lassen, ob und wann ich bei dem Herrn Kanzler Maas für ein paar Schuhe mit meinem patentierten Druckknopfverschluss nehmen lassen darf.

Es war nicht verboten, Briefe und Geschenke für Hitler vor der Absendung anderen zu zeigen oder über Pläne, Hitler zu ehren (z.B. durch Namengebungen wie „Adolf-Hitler-Straße", „Adolf Hitler"-Erdbeeren, „Adolf Hitler"-Dom), mit anderen zu sprechen. Aber derlei Vorgänge wurden seitens der NS-Regierung nicht veröffentlicht und nicht zu Propagandazwecken verwendet. Man war sich in den entsprechenden Dienststellen wohl bewusst, dass manches davon dem NS-System und der Position Hitlers mehr geschadet als genutzt hätte.

Auch auf ganz anderen Gebieten, z. B. in der Korrespondenz zwischen hohen NS-Funktionären, gab es unfreiwillige Komik. Hier ein Schreiben vom 24. 4. 1944 des Persönlichen Referenten Alfred Rosenbergs, Koeppen, an den „Oberstführer" Kurt v. Behr, den „Obersteinsatzführer" beim „Einsatzstab Reichsleiter Rosenberg" in Paris[169]:

Heute wende ich mich an Dich wieder mit der Bitte, uns bei der zusätzlichen Verpflegung des Reichsleiters behilflich zu sein. Ich wäre Dir dankbar, wenn Du uns in Kürze 1 kg Butter, eine Dauerwurst und einige kleine Büchsen Fischkonserven sowie etwas Büchsensahne gegen

[169] Heiber, Beatrice und Helmut (Hg.): DIE RÜCKSEITE DES HAKENKREUZES. Absonderliches aus den Akten des „Dritten Reiches". München 1993/2001, Lizenzausgabe Wiesbaden 2005, S. 387.

Rechnung übersenden könntest. Wir brauchen diesmal nicht sehr viel, da der Reichsleiter während des Monats Mai sehr viel auf Dienstreisen ist...

Das selbe Buch enthält auch die Letztwillige Verfügung vom 8. 4. 1943 des Stabschefs der SA, Viktor Lutze. Sie soll dieses Kapitel abschließen:

Für den Fall meines Ablebens bestimme ich:
Ich selbst will meine Ruhestatt finden auf dem von mir bestimmten und der Familie bekannten Platz auf dem Saltenhof. Es soll ein schönes Plätzchen werden – mit Bäumen und Sträuchern, Sitzgelegenheiten – für alle, die mich besuchen. Die ganze Anlage soll getrennt sein durch einen Graben von den anderen Grundstücken und mit diesem verbunden sein durch eine Brücke aus Naturhölzern, die vom Saltenhof aus hinüberführt. Familie und Freunde und Kameraden sollen mich dahin bringen. Keiner von ihnen soll Trauerkleidung oder einen Trauerflor tragen. Choräle dürfen nicht gespielt noch gesungen werden. Ich möchte bei meinem letzten Gang nur Märsche, SA-Lieder und Soldatenlieder hören. Lasst unsere Fahne wehen, aber nur nicht Halbmast.
Habe ich so meine letzte Stellung bezogen, dann gebe es ein Frühstück mit Märschen, Pauken und Trompeten. Am Abend ein kurzer Besuch bei mir und dann lustige Stunden mit schönen lustigen Weisen und herrlichen Liedern bei Akkordeon und Schrammeln, so wie ich in meinem Leben es geliebt habe (...)
Und nun Heil und Sieg und besucht mich ab und zu. (S. 374)

Eine heiter-komische Begräbnisgestaltung. Ihre Heiterkeit hat Lutze bewusst angeordnet. Das Komische daran ist ihm sicher nicht bewusst geworden. Und ganz gewiss hat er nicht geahnt, dass er schon dreieinhalb Wochen später im Alter von 52 ½ Jahren bei einem Autounfall umkommen sollte.

Das Volk erhielt erst *nach* dem Ende des „Dritten Reiches" die Möglichkeit, Einblick in die Spuren solcher Skurrilitäten zu nehmen. Aber die meisten Deutschen hätten während der Hitlerzeit auch gar nicht darüber lachen können. Ihnen fehlte eine wichtige Voraussetzung für die Fähigkeit, Humor zu empfinden: der Abstand.

4.4. HITLER- UND NAZI-DEVOTIONALIEN

Nachdem Hitler am 30. Januar 1933 Reichskanzler geworden war, witterten viele Hersteller von Souvenirs, Spielsachen, Wimpeln, Bierdeckeln, Plaketten, Streichholzschachteln und dergleichen eine nun einsetzende Hochkonjunktur für alles Nationale und Hitler-„Devotionalien". Findige Unternehmer begannen sofort, die den nationalen Akzent betonende Machtergreifung der NSDAP in die Herstellung von NS-Andenken aller Art umzusetzen und zu vermarkten.

Und weil sich der „nationale Aufbruch" ins Dritte Reich mit seinen Fackelzügen und Festgottesdiensten, dem Fahnen- und Phrasenschwulst selbst wie eine riesige Kitschoper ausnahm, konnte der kommerzielle Abklatsch en detail nur zu Kitsch geraten.
Im Mai 1933 staunte die BERLINER ILLUSTRIERTE ZEITUNG: „Eine ganze Industrie ist in den wenigen Monaten seit dem 30. Januar emporgeblüht. Aber", so fügte das Blatt warnend

hinzu, „ihr Fundament ist ungesund, ihre Fruchtbarkeit schadet dem Volk mehr als sie der Wirtschaft nützt.“[170]

Was gab es da nicht alles!
Schürzen mit vorn aufgesticktem HEIL HITLER!
Krawatten mit Hakenkreuzmuster,
männliche Puppen in SA-Uniform aus Filz,
SA-Elastolinfiguren, auch Fahnenträger, Hitler und Göring (dieser mit ordengeschmückter Brust),
Aufkleber fürs Poesiealbum: Pimpfe und Jungmädchen vor Hakenkreuz- und SS-Fahnen, Hakenkreuzfahne mit Adler, trommelnde Hitlerjungen, Portraits von Hitler, Göring, Goebbels und Hess,
Laubsägevorlagen: SA-Männer mit Motorrad oder Standarte,
Flöten, rot, mit dem Hakenkreuz auf weißem, rundem Untergrund unterhalb des Schalllochs.
Spielkarten (Quartett) mit den Abbildungen der führenden Größen des Hitlerreiches,
Zigarettendosen mit Hakenkreuz und Eichenlaub,
Spieluhren mit dem Horst-Wessel-Lied,
Aschenbecher, Fingerhüte, Manschettenknöpfe, Streichholzschachteln, Teller, Tassen, Bälle, Pokale, Haarnadeln, Eierbecher, Armbänder, Plätzchen-Backformen, Bleistifte, **Lakritzstangen, Papierservietten**, **Briefbeschwerer, Kerzen** und **Bürsten** mit Hakenkreuzverzierung,
Taschenmesser mit Hitlerbild,
Tabakpäckchen mit Abbildungen marschierender SS-Männer,
Hosenträger aus Gummiband mit eingewebten Hakenkreuzen,
Stocknägel mit Hakenkreuz und Reichsadler,
„Das nationale Briefpapier“, mit den beiden Fahnen geschmückt,
Blechpostkasten mit Hakenkreuz und Adler,
Hakenkreuz-Anhänger für Halsketten,
Fingerringe und **Broschen** mit Hakenkreuzen
Pappbecher mit der Aufforderung rund um ein großes Hakenkreuz: „Stärke dich / Stehe auf und kämpfe“,
Weinetiketten mit Hakenkreuz und dem Namen „Befreiungswein“,
Stammtischwimpel mit Reichsadler über dem Hakenkreuz,
Hitler-Wandsprüche mit Eichenlaub, in Holz gebrannt oder geschnitzt,
Rauchergarnituren mit Hakenkreuz, schwarz-weiß-rot gestreift,
Christbaumständer in Hakenkreuzform,
Knöpfe mit im Dunkeln leuchtenden Hitlerfotos,
Hitlerbüsten, Hitlerplaketten, Hitlerbilder.

(Viele Exponate aus Steinbergs Dokumentation NAZI-KITSCH, Darmstadt 1972, sind zu sehen im Württembergischen Landesmuseum in Stuttgart.)

---

[170] Steinberg, Rolf (Hg.): NAZI-KITSCH. Darmstadt 1975, aus dem Vorwort, S. 5.

Was ist Kitsch? Er ist schwer zu definieren. In modernen Lexika nähert man sich diesem Begriff vorsichtiger als in der NS-Zeit. Damals wurde er in Meyers Lexikon, 8. Auflage 1939, S. 1136 so bestimmt:

KITSCH. Der (wahrscheinlich vom engl. Sketch, Skizze). Bez. für Schund, verlogene Dinge, die als echt ausgegeben werden, ohne dass sie auf echter Empfindung, auf einer inneren Wahrheit begründet sind.
K. entsteht aus serienmäßig hergestellten Verfälschungen echter Volkskunst genau so wie aus dem zumeist geschmackslosen, gefühlsverschwommenen Gebrauch der Grundwerte aller Künste überhaupt.
K. ist zu nennen: die Gefühlsduselei vieler Unterhaltungsromane, süßliche Musik, die mit märchenhaftem Glück erfüllten Klischeefilme, auch die minderwertigen Buntdrucke und Bilder, überladene und unpraktische Möbel, Hausgreuel wie „Nippes-Sachen" oder „Reiseandenken".
Der „Nationale Kitsch", der sich nach dem Umbruch breit machen wollte, verfiel dem Verbot; er trieb Missbrauch mit den nationalen Symbolen, den Bildnissen des Führers und seiner Mitkämpfer. Der nationale K. zeigt beispielhaft, wie schwer sich im allgem. Herkunft und Wirkungsmöglichkeit des K. bestimmen oder begrenzen lassen.[171]

Zeitgenössisch gefärbt ist auch die Motivation, Kitsch herzustellen oder sich Kitschiges anzuschaffen:

Der Grund, irgendwelchen Kitsch anzubieten, kann nämlich einmal bloße Geschäftstüchtigkeit sein, außerdem kann aber Kirsch auch aus jenem einfältigen Empfinden heraus geschaffen werden, dem das Bewusstsein für die Gesetze des Geschmacks fehlt. Dies mangelhafte, wohl ehrlich gemeinte, aber instinktlose Empfinden verhilft auf der Seite der Aufnehmenden dem Kitsch zu jener merkwürdig weiten Verbreitung, die in unserer Zeit erst allmählich nachlässt. Geschmackserziehung, Förderung echter Handwerks- und Volkskunst sowie das Kunstgewerbe mit seinem Streben nach einfacher Schönheit helfen in unserer Zeit daran, den Kitsch vor allem aus den Wohnungen zu verdrängen.[172]

Aus der FRANKFURTER ZEITUNG im Jahr 1933 erfuhr man die Meldung des Königsberger Polizeipräsidiums:

In den letzten Tagen wurden von der Gau-Propagandaleitung der NSDAP und dem zuständigen Sachbearbeiter des Polizeipräsidiums viele Königsberger Geschäfte darauf geprüft, ob sie Gegenstände des nationalen Kitsches führen. Hierbei wurden viele Sachen festgestellt, auf denen Symbole des deutschen Staates und der nationalen Erhebung in einer Form angebracht waren, die das Empfinden von der Würde dieser Symbole verletzt.[173]

In die Kategorie des Kitsches gehört auch die Kohlezeichnung „Das Haupt des Führers" (1941) von Fidus, dem Kultmaler der Jugendbewegung. Er stellte Hitler mit Seherblick (Brustbild) dar, die geballte linke Faust vor wehender Krawatte. In Hitlers Schultern krallt sich ein Adler, der hinter ihm in den Himmel aufwächst. Über Aar und Hitler ein Stern.

---

[171] Zitiert in: Steinberg, Rolf: NAZI-KITSCH. Darmstadt 1975, S. 83.
[172] Bibliographisches Institut AG (Hg): MEYERS LEXIKON, Leipzig 1939, Achte Auflage, Bd. 6, S. 1136.
[173] Zitiert in: Steinberg, Rolf: NAZI-KITSCH. Darmstadt 1975, S. 81.

Fidus wollte diese Zeichnung in seinem Selbstverlag als Kunstkarte herausgeben. Hitler, dessen Genehmigung er dazu brauchte, gab sie ihm nicht. In einem Brief an seine Fans („Hartung“ 1942) schreibt Fidus:

> Ich kann diese bedingte Ablehnung dieses nur seine frühe Berufung zeigenden Sinnbildes für die heutige Zeit wohl verstehen. Heil dem Retter Deutschlands, ja Befrieder Europas! Mit lichtdeutschem Gruß
>
> Fidus[174]

Man sieht: Das NS-System erkannte die Gefahr, dass die Hoheitszeichen der NSDAP, die höchsten NS-Funktionäre wie Göring und Goebbels, die Organisationen der SA und SS lächerlich gemacht würden, vor allem aber

> „die hehre Gestalt des Führers durch die unfreiwillige Komik von Kitschdarstellungen zum nationalen Lachschlager werden könnte.“[175]

Immerhin wurde auch einiger Kitsch ausdrücklich erlaubt. So meldete die FRANKFURTER ZEITUNG vom 27. 11. 1933:

> Vom Reichsminister für Volksaufklärung und Propaganda sind wiederum Entscheidungen aufgrund der Paragraphen 2 und 4 des Gesetzes zum Schutz der nationalen Symbole gefällt worden, wobei es sich um die Verkitschung der nationalen Symbole und geschmacklose Erzeugnisse handelt. So wurden durch die neue Entscheidung abermals zwanzig Erzeugnisse als einwandfrei zugelassen. Darunter befinden sich Neujahrskarten mit dem Hakenkreuz, Christ-baumschmuck mit dem Hakenkreuz und ein durchsichtiges Bild des Reichskanzlers mit der Vorrichtung der Erleuchtung. Auch sind diesmal zum ersten Mal SA- und SS-Puppen zugelassen, weil sie von guter Ausführung waren und der SA und SS ein würdiges Aussehen verliehen...[176]

---

[174] Zitiert in: Frecot, Janos / Geist, Johann Friedrich / Kerbs, Diethard: FIDUS 1868 – 1948. Zur ästhet. Praxis bürgerl. Fluchtbewegungen. Hamburg 1997, S. 208.

[175] Steinberg, Rolf. NAZI-KITSCH. Darmstadt 1975, S. 5.

[176] Zitiert in: Steinberg, Rolf: NAZI-KITSCH. Darmstadt 1975, S. 83.

VII. Der Deutsche und der Humor

Zu Beginn der vorliegenden Arbeit war ja schon die Rede vom gestörten Verhältnis einer Diktatur zum Humor. Dem von ihr unterdrückten Volk kann sie nicht erlauben, sich über sie lustig zu machen, weil das ihre Existenz gefährden würde. Sie kann nur *den* Humor gestatten, der sich nicht mit ihr beschäftigt.
Da ging es in manchen Monarchien, in denen die Regierung ja auch in *einer* Hand lag, ganz anders zu. Zum Beispiel gibt es eine wunderschöne Anekdote, die von der Toleranz Friedrich des Großen handelt:

Friedrich kam eines Tages die Jägerstraße von Berlin heraufgeritten und fand in der Nähe des sogenannten Fürstenhauses einen großen Volksauflauf. Er schickte seinen einzigen Begleiter, einen Heiducken, näher, um zu erfahren, was es da gebe.
„Sie haben etwas auf Ew. Majestät angeschlagen", war die Antwort des Boten, und Friedrich, der nun näher herangeritten war, sah sich selbst auf dem Bilde, wie er in höchst kläglicher Gestalt auf einem Fußschemel saß und, eine Kaffeemühle zwischen den Beinen, emsig mit der einen Hand mahlte, während er mit der anderen jede herausgefallene Bohne auflas. Sobald der König dies gesehen, winkte er mit der Hand und rief: „Hängt es doch niedriger, dass die Leute sich den Hals nicht ausrecken müssen!"
Kaum aber hatte er die Worte gesprochen, als ein allgemeiner Jubel ausbrach. Man riss das Bild in tausend Stücken herunter, und ein lautes Lebehoch begleitete den König, als er langsam seines Weges weiterritt.[177]

Dem Alten Fritz gaben Toleranz und Humor die nötige Größe. Die Volkskritik an seiner Regierungsweise hielt er klein, indem er sie erlaubte.
Geradezu als Hohn muss man in diesem Zusammenhang den Schluss des von E. Hanfstaengl verfassten Vorwortes zu dem Bildband HITLER IN DER KARIKATUR DER WELT[178] empfinden:

Ein Friedrich der Große ließ die einst gegen ihn gerichteten Pamphlete „niedriger hängen". Mit der Billigung dieses meines Buches, das eine Sammlung der wesentlichsten karikaturistischen Verunglimpfungen seiner Person darstellt, folgt der Führer diesem großen Beispiel.

Wie aber steht es mit dem Humor der Deutschen im allgemeinen?
Wenn man sich im Ausland nach den sogenannten Nationaltugenden der Deutschen erkundigt, wird man in der Liste der uns zugeschriebenen Tugenden, unter denen sich auffallend viele „Sekundärtugenden" befinden, kaum je auf den Humor stoßen. Viele Bürger anderer Länder halten uns für eine humor*lose*, mindestens aber für eine humor*arme* Nation.

Diese Annahme macht Besitzer eines deutschen Passes erst einmal betroffen. Denn wenn sie wirklich zuträfe, ließe sie unangenehme Rückschlüsse auf die Art unseres „Nationalcharakters" zu.

---

[177] Kugler, Franz: GESCHICHTE FRIEDRICHS DES GROSSEN. Mit den berühmten Holzschnitten von Adolph Menzel. Leipzig 1936, S. 447f.
[178] Hanfstaengl, Ernst: HITLER IN DER KARIKATUR DER WELT. Tat gegen Tinte. Berlin 1933, S. 13.

Aber gibt es so etwas wie „Nationaltugenden“ oder einen „Nationalcharakter“ überhaupt? Immerhin besteht ja ein Volk aus zahllosen Einzelcharakteren!

Dazu eine Passage aus dem Klappentext des Buches DIE DEUTSCHEN PAUSCHAL[179]:

Kaum etwas verbindet die Menschen mehr als die Bestätigung insgeheim gepflegter Vorurteile. Die Deutschen sind ein Volk ohne Humor? Das Leben in Deutschland ist mit Vorschriften und Verboten zugepflastert? Die Deutschen sind rechthaberisch, perfektionistisch, kinderfeindlich? Sie trinken nur Bier und ernähren sich fast ausschließlich von Wurst und Sauerkraut?
Manches davon mag stimmen, manches nicht.

Allerdings prägen auch die Atmosphäre, die im Volk herrscht, die geographische Lage und vor allem die Geschichte des Volkes seine Einzelcharaktere mit. Deshalb mag im Begriff „Nationalcharakter“ schon ein Körnchen Wahrheit enthalten sein, trotz der Pauschalierung.
Deutschland eine Nation, der Humor fehlt? Was hätte dieser Mangel zur Folge?
Die Antwort ist niederschmetternd:

Der Umgang mit humorlosen Menschen ist strapaziös: Sie nehmen alles krumm, sind geplagt von Misstrauen in alle Richtungen, von Ängsten und Zweifeln, benehmen sich oft besserwisserisch und fühlen sich ständig angegriffen. Jedes kleine Malheur veranlasst sie zu Panik. Sie nehmen sich selbst zu ernst, lassen also ihre Gedanken und Gefühle überwiegend um sich selbst kreisen, können sich nur mühsam in andere hineinversetzen, nehmen jeden kleinen Erfolg zum Anlass, sich selbst zu überschätzen. Vor allem fehlen ihnen Geduld und Toleranz.
Man kann diese unangenehmen Eigenschaften mit einem einzigen Satz erklären: Humorlosen Menschen fehlt der Abstand zur Welt und sich selbst.

Ben Barkow, 1956 in Berlin geboren, wuchs in Berlin, dann in Hamburg auf. Er zog nach London, wo er Wissenschaftsgeschichte studierte. Später arbeitete er an der Wiener-Library, die ihren Sitz in London hat.
Stefan Zeidenitz, Barkows Mitautor, ebenfalls Deutscher, unterrichtete am Eton College und an der St. Paul's School.
Zeidenitz und Barkow versuchten „die Deutschen“ zu beschreiben. Die Originalausgabe wurde 1993 unter dem Titel THE XENOPHON'S GUIDE TO THE GERMANS in England veröffentlicht, die Übersetzung vier Jahre später auch in Deutschland unter dem Titel DIE DEUTSCHEN PAUSCHAL. (Im Februar 1997 erschien dieser Titel, im Mai desselben Jahres wurde schon sein 18. – 22. Tausend auf den Markt geworfen!)

[179] Zeidenitz, Stefan / Barkow, Ben: DIE DEUTSCHEN PAUSCHAL. Frankfurt/M 1997. (Die englische Originalausgabe erschien in London 1993 unter dem Titel THE XENOPHOBE'S GUIDE TO THE GERMANS.)

Unter der Überschrift „Witz und Humor“ heißt es da:

Die Deutschen nehmen den Humor sehr ernst.
Ihr Stil ist rau, beißend und satyrisch. Besonders die Kabarette in Berlin der Weimarer Republik waren dafür berühmt und berüchtigt.
Die Tradition des politischen Kabaretts hat sich bezeichnenderweise in der DDR besonders erhalten, da der Reiz der Gratwanderung zwischen Zensur und Improvisation lag.
Humor ist eine Frage des Kontextes. Im wohlgeordneten Leben der Deutschen hat der Humor seinen festen Platz, er bedarf der Vorwarnung und unterliegt der Kennzeichnungspflicht.
Im Ausland ist der deutsche Humor fast unbekannt, da sich die besten Witze kaum übersetzen lassen.
Oft beruht der deutsche Humor auf den Unterschieden der einzelnen landsmannschaftlichen Klischees: die steifen Preußen, die derben Bayern, die dummen Ostfriesen, die schlagfertigen Berliner. (...)
Humor ist in Deutschland auch abhängig vom Kalender. Musterbeispiel hierfür ist der Karneval, der jedes Jahr pünktlich am 11.11. um 11 Uhr 11 (eine sehr ordentliche Zahlenreihe) beginnt und genau bis zum Aschermittwoch andauert. In dieser Zeit werden Umzüge, Partys und Festsitzungen durchgeführt mit dem festen Vorsatz, lustig zu sein. Um Unordnung zu vermeiden, ist alles vorausgeplant und reglementiert, und die vorschriftsmäßig fröhlichen Veranstaltungen laufen mit militärischer Präzision ab. Während der offiziellen Reden, die aus endlos aneinandergereihten Witzen bestehen, wird jede Pointe durch einen Kapellentusch angezeigt, damit niemand an der falschen Stelle lacht.
Unordentlicher Humor ist nämlich nicht nur überhaupt nicht zum Lachen, er wird häufig nicht einmal als Humor erkannt.[180]

Aber man begegnet nicht nur im Ausland der Meinung, „der Deutsche“ habe wenig oder keinen Humor. Zum Beispiel Taddäus Troll (1914 – 1980, G.P.), selbst ein Autor humoristischer Romane und Satiren, schrieb:

Bei uns zulande gilt das Gewicht der Würde, der nötige Ernst mehr als zwecklose Heiterkeit, mehr als das Lächeln des Weisen, der voll Verständnis und Güte die Tränen überwunden hat. – Die Götter des Olymps lachen gern und oft. Wotan nie.[181]

In den STICH-WORTEN von Werner Finck, dem deutschen Kabarettisten, dem man in der vorliegenden Arbeit öfters begegnet, findet man unter dem Stichwort „Humorist“:

Sehen Sie sich die angelsächsischen Länder an: Dort spielt der Humor keine Aschenbrödelrolle wie bei uns. Dort macht man sich sogar verdächtig, wenn man keinen Humor hat. Im englischen Parlament gehört er zum Umgangston. Im Gegensatz zum bundesdeutschen, wo ein Humorist wie der Bundespräsident Heuss aus dem Rahmen fällt.
Vielleicht erregt der Ausdruck Humorist, auf den Bundespräsidenten zur Anwendung gebracht, einigen Anstoß. Täte er es doch. Dieser Komplex kann gar nicht oft genug angestoßen werden, damit er sich endlich aus der Vorstellung löst, Humoristen müssten grundsätzlich nur dem Kabarett oder der komischen Schriftstellerei angehören...[182]

---

[180] Zeidenitz, Stefan / Barkow, Ben: DIE DEUTSCHEN PAUSCHAL. Frankfurt/M 1997, S. 23.
[181] Zitiert in: Heinz-Mohr, Gerd: HUMOR IST DER REGENSCHIRM DER WEISEN.Anekdoten mit Hintersinn. Freiburg/Breisgau 1988, S. 17.
[182] Sinhuber, Bartel F.: WERNER FINCK / STICH-WORTE zum Vor-, Nach- und Zuschlagen. München / Berlin 1982, S. 71.

Könnte man in diesem Zusammenhang nicht auf allerlei atemberaubende Gedanken kommen? Zum Beispiel auf den, dass Hitler in einem *humorvollen* Deutschland nicht hätte Fuß fassen können, weil er nicht ernst genommen worden wäre? Oder dass eine Ideologie wie der Nationalsozialismus in Deutschland kaum Chancen gehabt hätte, wenn es bei uns bisher nicht so ernst-verbissen, sondern lachbereiter, lebenslustiger lockerer, heiterer zugegangen wäre?

VIII. Literatur

1. Primärliteratur

Barlog: BARLOGS LUSTIGE SOLDATENFIBEL, Berlin 1938.
Bauer, Elvira: TRAU KEINEM FUCHS AUF GRÜNER HEID, TRAU KEINEM JUD BEI SEINEM EID. Nürnberg 1936.
Beck, Hans, Dr.: EINE FLASCHE LEBENSMEDIZIN für den Körper und den Geist. Dresden / Leipzig 1942.
Berl, Heinrich: ERGÖTZLICHE GESCHICHTEN AUS ALTBADEN. Baden-Baden 1936.
Bethge, Hans: DER KÖNIG. Hundert kleine Geschichten um Friedrich den Großen. Berlin 1940.
Breuer, Hans (Hg.): DER ZUPFGEIGENHANSEL. Mainz 1908
Bruhns, Wibke: MEINES VATERS LAND. Geschichte einer deutschen Familie. Berlin 2004.
Bürgel, Bruno H.: HUNDERT TAGE SONNENSCHEIN. Ein Buch vom Sonntag und Alltag des Lebens. Berlin 1940.
Ders. (1939): MENSCHEN UNTEREINANDER. Ein Führer auf der Pilgerreise des Lebens.
Christophé, E.C.: DIE WELT GEHT UNTER. Ein Buch zum Totlachen für Männer, Mädchen und Soldaten. Berlin 1942.
Diwok, Wilhelm, Dr.: KÖRPERBAU UND LEBENSVORGÄNGE DES MENSCHEN. Leipzig 1943.
ERIKA, die frohe Zeitung für Front und Heimat. (Wochenillustrierte). Berlin 1940 – 1943.
Fallada, Hans: DAMALS BEI UNS DAHEIM. Berlin 1941.
Ders.: HEUTE BEI UNS ZUHAUS. Berlin (?) 1943.
Finck, Werner: ALTER NARR, WAS NUN? Die Geschichte meiner Zeit. München 1972, TB-Ausgabe München 1975.
Foitzik, Walter: UNTER UNS GESAGT. Heitere Daseinsbetrachtungen. München 1939.
Goedecke, Heinz / Krug, Wilhelm: WIR BEGINNEN DAS WUNSCHKONZERT FÜR DIE HEIMAT. Berlin 1940
Greinz, Rudolf: ÜBER BERG UND TAL. Lustige Tiroler Geschichten. Erschienen 1927, Leipzig 1942 31. – 40. Tausend.
Gröper, Reinhard: ERHOFFTER JUBEL ÜBER DEN ENDSIEG. Tagebuch eines Hitlerjungen 1943 – 1945. Sigmaringen 1996.
Hanfstaengl, Ernst (Hg.): HITLER IN DER KARIKATUR DER WELT. TAT GEGEN TINTE. Ein Bildsammelwerk. Berlin 1933.
Heerespropaganda-Kompanie / Feldzeitung (Hg.): KRIEGSGESCHEHEN IM SPIEGEL DER FELDZEITUNG. Nach Polen – am Westwall. Hamburg? o.J., Bd. 1.

Heiber, Beatrice und Helmut (Hg.): DIE RÜCKSEITE DES HAKENKREUZES. Absonderlichkeiten aus den Akten des Dritten Reiches. München 1993 / 2001, Lizenzausgabe Wiesbaden 2005.
Heinz-Mohr, Gerd: HUMOR IST DER REGENSCHIRM DER WEISEN. Anekdoten mit Hintersinn. Freiburg/Breisgau 1988.
Henthaler, Ernest: TOD UND TEUFEL. Lustige Bauerngeschichten. Berlin 1941.
Hiemer, Ernst: DER GIFTPILZ. Ein Stürmerbuch für Jung und Alt. Nürnberg 1938. Illustrator: Fips.
HIER BERLIN. Rundfunkprogrammzeitschrift. Berlin 1936 – 1941.
Ipf: GERN HÖRT JEDER WEISE LEHREN. Ein Taschenbilderbuch für erwachsene Kinder. Stuttgart 1940.
Jung, Hermann (Hg.): GELÄCHTER ÜBER EINE ZERBROCHENE WELT. Karikaturen aus deutschen, italienischen, englischen, französischen, schweizerischen, schwedischen und amerikanischen Zeitungen und Zeitschriften. Düsseldorf 1940.
KdF (Abteilung „Volkstum – Brauchtum" im Amt Feierabend der NS.Gemeinschaft „Kraft durch Freude" in Verbindung mit dem Amt „Werkschar und Schulung" und der DAF., Sozialamt, Verbindungsstelle Wiesbaden) – (Hg.): HEUTE WOLLEN WIR EIN LIEDLEIN SINGEN. Lieder für Bunker und Lager. Hamburg 1940.
Kiaulehn, Walther: LESEBUCH FÜR LÄCHLER. Stuttgart 1938.
Kickhöffel, K.H. / Rembor, F., Dr.: DAS HONIGBÜCHLEIN DES EINZELHÄNDLERS. Unentbehrliche Honigweisheiten für Ladentisch – Einkauf – Lager. Leipzig o.J.
Kirnbauer, Franz (Hg.): KABARETT IN ÖSTERREICH 1906 – 2oo3. Graz 2oo3.
Klähn, Friedrich-Joachim: TIMM DER TOLPATSCH. München o. J.
Kölwel, Gottfried: DIE HEITERE WELT VON SPIEGELBERG. Wien 1940.
Kremer, Hannes: MORITATEN. München 1943.
Kubizek, August: ADOLF HITLER, MEIN JUGENDFREUND. Graz / Stuttgart 1956.
Kugler, Franz: GESCHICHTE FRIEDRICHS DES GROSSEN. Mit den berühmten Holzschnitten von Adolph Menzel. Leipzig 1936.
Kutzleb, Hjalmar: MORGENLUFT IN SCHILDA. Braunschweig 1933.
Lämmle, August: DER SEBULON. Geschichten von kecken Burschen. Stuttgart 1940.
Lehmann, Arthur-Heinz: KAMERAD STETEFELD. Humor im Felde. Nürnberg / Berlin, (nach 1933).
Ders. : MENSCH, SEI POSITIV DAGEGEN! Dresden 1939.
Ders. : RAUHBAUTZ WIRD SOLDAT. Dresden 1940.
Lommel, Ludwig Manfred: LACHE MIT LOMMEL. Das Beste von der Welle des Senders Runxendorf. Ausgewählt aus dem 1943 erschienenen gleichnamigen Buch, durch einige neue Sketche ergänzt. München 1965, 8. Auflage Landshut 1997.

Luserke, Martin: BLUT UND LIEBE. RITTER-SCHAUER-DRAMA (1913 entstanden), München 1933, Heft 9.

DAS MAGAZIN, Berlin, 15. Jahrgang, Juni 1939.

Melusich, Jirko (Hg.): GESCHICHTEN AUS DEM WIENER WALD. Österreichische Anekdoten. Wien/Leipzig 1937, Feldpostausgabe 1943.

Mentz, Hilde (Hg.): DER HELLE MORGEN. Ein Buch für junge Mädchen. Essen 1941.

Mertens, Eberhard (Hg.): DIE GROSSEN DEUTSCHEN FILME. Ausgewählte Filmprogramme 1930 – 1945. Hildesheim/Zürich/ New York 1995.

Möllendorf, Horst von: DAS KLEINE SCHMUNZELBUCH, Berlin 1939.

Möller, Vera (Hg.): KLEIN ERNA. Ganz dumme Hamburger Geschichten. Bd. 1, Hamburg 1950.

Müller-Partenkirchen, Fritz: KAUM GENÜGEND. Schulgeschichten. Leipzig 1943.

Ders.: JA! EIN FRITZ MÜLLER-BUCH. Leipzig 1935.

NS-Lehrerbund (Hg.): DIE DEUTSCHE JUGENDBURG. Monatszeitschrift für 8 – 11jährige. Berlin 1933/34 – 1944/45.

NS-Lehrerbund (Hg.): HILF MIT! Illustrierte Monatszeitschrift für 12 –17jährige. Berlin 1933/34 – 1944/45.

Ostwald, Hans: DER URBERLINER. Berlin o.J.

Poddel, Peter (Hg.): SOLDATENHUMOR aus fünf Jahrhunderten. Hamburg 1938 /1940.

Pöttinger, Josef (Hg.): SCHELME UND NARREN ZIEHEN AM KARREN. Wien 1941.

Präsidium des DRK (Hg.): MITTEILUNGEN FÜR DIE ANGEHÖRIGEN DEUTSCHER KRIEGSGEFANGENER im Einvernehmen mit dem Oberkommando der Wehrmacht März 1944.

Quevedo, F.: HISTORIA DE LA VIDA DEL BUSCÓN. 1624. Übers. Von Herbert Koch. Ausg. Horst Baader: SPANISCHE SCHELMENROMANE. München 1965. II, S. 54 – 57, zitiert in Dieter Arendt: „Vom Lachen unter dem Galgen“. In: UNIVERSITAS, Zeitschrift für interdisziplinäre Wissenschaft, Stuttgart 46. Jahrg., April 1991, S. 351.

Reichsjugendführung (Hg.): WIR MÄDEL SINGEN. Liederbuch des Bundes Deutscher Mädel. Wolfenbüttel / Berlin 1938.

Reichsjugendführung (Hg.): UNSER LIEDERBUCH. Lieder der Hitlerjugend. München 1939.

Resl, Franz: HUMOR IM ALLTAG. Heitere Kurzgeschichten. Salzburg 1936.

Ruppel, Heinrich: DÖRTHE DANZ. Melsungen 1936.

Scheller, Thilo (Hg.): SINGEND WOLLEN WIR MARSCHIEREN. Liederbuch des Arbeitsdienstes. Leipzig, 3. Aufl. o.J.

Scheller, Thilo / Vogel, Johannes (Hg.): LEIB UND LEBEN. Dichtung der jungen Mannschaft. Wittingen 1933.

Schröter, Alfred (Hg.): HAU DUNNERKIEL! Heitere Kriegserlebnisse von der Front und aus der Heimat. Leipzig 1940.

Schulten, Gustav (Hg.): DER KILOMETERSTEIN. Bad Godesberg, 8. Auflage 1950.

Seibert, Curt: „VERZEIHEN SIE..." Lustige Geschichten. Berlin 1943.

Seibold, Karl (Hg.): DEUTSCHLAND LACHT. Volkhafter Humor. München 1940.

Spoerl, Heinrich: DIE FEUERZANGENBOWLE. Eine Lausbüberei in der Kleinstadt. Düsseldorf 1933.

Ders.: DER MAULKORB. Berlin 1936.

Ders.: WENN WIR ALLE ENGEL WÄREN. Berlin 1936.

Springenschmid, Karl: SALZBURG AM ATLANTISCHEN OZEAN. Salzburg 1941.

Steinberg, Rolf (Hg.): NAZI-KITSCH. Darmstadt 1975.

Stoltze, Adolf: ALT-FRANKFURT. Lokalschwank in acht Bildern. Frankfurt 1962.

Tange, Ernst Günther: DER BOSHAFTE ZITATENSCHATZ. Frankfurt 2006.

Temmler Werke, Berlin-Johannisthal (Hg.): PROSIT NEUJAHR! 1941. Aerzte-Kalender 1941.

Thurmair, Georg / Rick, Josef: DAS HELLE SEGEL. Freiburg/Breisgau 1936.

Utermann, Wilhelm (Hg.): DARÜBER LACHE ICH HEUTE NOCH. Soldaten erzählen heitere Erlebnisse. Berlin 1943.

Watzlik, Hans: RIDIBUNZ. Köln 1927.

Welk, Ehm: DIE HEIDEN VON KUMMEROW. Berlin 1937.

Ders. (1943): DIE GERECHTEN VON KUMMEROW.

EWIGES DEUTSCHLAND. Ein deutsches Hausbuch. Weihnachtsgabe des Winterhilfswerks des Deutschen Volkes (Ohne Nennung eines Herausgebers): Braunschweig/Berlin/Leipzig/Hamburg 1939.

Weiß, Ferdl: BAYERISCHE SCHMANKERLN, gereicht von Weiß Ferdl. München 1941.

Ders.: „ES WIRD BESSER", sagt Weiß Ferdl. Das neue, lustige Weiß Ferdl Buch, München 1941.

Wenz-Hartmann, Gisela: LEBENSBILDER GERMANISCHER FRAUEN. Leipzig o. J.

Werner, Hugo (Hg): WILHELM BUSCH. Das Gesamtwerk in 6 Bänden. Stuttgart 1982. Bd. 6.

Werner, Martin (Hg.): SPRICHWÖRTER UND ZITATE von der Antike bis heute. Buch und Zeit. Köln 1981.

Weys, Rudolf: WIEN BLEIBT WIEN und das geschieht ihm ganz recht. Cabaret Album 1930 – 1945. Wien 1974.

Zeidenitz, Stefan / Barkow, Ben: DIE DEUTSCHEN PAUSCHAL. Frankfurt /M 1997.

Zillich, Heinrich: FLAUSEN UND FLUNKEREIEN. Lustige Geschichten aus Siebenbürgen. München 1940.

2. Sekundärliteratur

Arendt, Dieter, Prof. Dr.: VOM LACHEN UNTER DEM GALGEN oder DER BLICK VOM „LUGAUS“ INS „RINGS“. In: UNIVERSITAS, Zeitschrift für interdisziplinäre Wissenschaft. 46. Jahrg., April 1991, S. 346 – 356.

Bedürftig, Friedemann: LEXIKON DRITTES REICH. Hamburg 1994, TB-Ausgabe München 1997.

Bibliographisches Institut AG: MEYERS LEXIKON, achte Auflage, Leipzig 1939, Bd. 6, S. 1136f.

Brockhaus, Gudrun: SCHAUDER UND IDYLLE. Faschismus als Erlebnisangebot. München 1997.

Brockhaus, F.A., (Hg.): BROCKHAUS ENZYKLOPÄDIE in 24 Bd., 20. Aufl. Mannheim 1996 – 1999.

Frecot, Janos / Geist, Johann Friedrich / Kerbs, Diethard: FIDUS 1866 – 1948. Zur ästhetischen Praxis bürgerlicher Fluchtbewegungen. Hamburg 1997.

Gamm, Hans-Jochen: DER FLÜSTERWITZ IM DRITTEN REICH. München 1963.

Heinrich-Jost, Ingrid: KLADDERADATSCH. Die Geschichte eines Berliner Witzblattes von 1848 bis ins Dritte Reich. Köln 1982.

Herzog, Rudolf: HEIL HITLER, DAS SCHWEIN IST TOT. Lachen unter Hitler. Komik und Humor im Dritten Reich. Frankfurt/M 2006.

Heyer, Georg Walther: DIE FAHNE IST MEHR ALS DER TOD. Lieder der Nazizeit. München 1981.

Hopster, Norbert / Josting, Petra / Neuhaus, Joachim: KINDER- UND JUGEND-LITERATUR 1933 – 1945. Ein Handbuch. Bd. 1. Stuttgart / Weimar 2001.

Jens, Walter (Hg.): KINDLERS NEUES LITERATURLEXIKON, München 1996.

Jetzinger, Franz: HITLERS JUGEND. Phantasien, Lügen und – die Wahrheit. Wien 1965.

Keim, Anton M, Dr.: 11 MAL POLITISCHER KARNEVAL. Weltgeschichte aus der Bütt. Geschichte der demokratischen Narrentradition vom Rhein. Mainz 1966.

Killy, Walther: DEUTSCHER KITSCH. Göttingen 1962.

Nusser, Peter: SCHWARZER HUMOR. Arbeitstexte für den Unterricht. Stuttgart 1987.

Reiter, Franz Richard (Hg.): FRANZ DANIMANN: FLÜSTERWITZE UND SPOTTGEDICHTE UNTERM HAKENKREUZ. Dokumente – Berichte – Analysen. Wien / Köln / Graz 1983, Neuauflage 2001.

Sarkowicz, Hans / Mentzer, Alf: LITERATUR IN NAZIDEUTSCHLAND. Ein biographisches Lexikon. Hamburg / Wien 2000.

Sinhuber, Bartel (Hg.): WERNER FINCK: STICHWORTE zum Vor-, Nach- und Zuschlagen. München/Berlin 1982.

Ders. (Hg.): WERNER FINCK: ZWISCHENDURCH. Ernste Versuche mit dem Heiteren. München / Berlin 1975.

Wiener, Ralf: GEFÄHRLICHES LACHEN. Schwarzer Humor im Dritten Reich. Hamburg 1994.

Wild, Rainer (Hg.): GESCHICHTE DER DEUTSCHEN KINDER- UND JUGENDLITERATUR. Stuttgart 1990.

Wulf, Joseph: LITERATUR UND DICHTUNG IM DRITTEN REICH. Eine Dokumentation. Frankfurt/M /Berlin/Wien 1983.

Peter Lang · Internationaler Verlag der Wissenschaften

Hermann Wiegmann

Und wieder lächelt die Thrakerin

Zur Geschichte des literarischen Humors

Frankfurt am Main, Berlin, Bern, Bruxelles, New York, Oxford, Wien, 2006.
378 S.
ISBN 978-3-631-54727-4 · br. € 29.80*

In Monographien zu Einzelautoren wird wohl häufiger der Humor in seinen unterschiedlichen Spielformen untersucht, so etwa der komödiantische Humor bei Shakespeare, die satirische Schärfe bei Swift, die feine Ironie bei Thomas Mann usw., freilich so gut wie nie ein übergreifender historischer Abriss vorgelegt. In diesem Band wird versucht, nennenswerte literarische Ausdrucksformen des Humors von der Antike an bis zur Moderne vorzustellen, wobei immer wieder Textauszüge die literarische Gestaltung illustrieren können. Dem Thema entsprechend erfolgt die Darstellung in eher plaudernder Art in der Absicht, nicht nur den Fachkollegen als Adressaten anzusprechen, sondern dem so genannten gebildeten Leser eine lesbare Lektüre zu bieten.

Aus dem Inhalt: Spielformen des Humors · Platons Nachtschwärmer · Hat Jesus nie gelacht? Boccaccio und Chaucer · Till Eulenspiegel und Don Quijote · Molières Schule der Frauen · Voltaires Esprit · Sternes Phantasien · Goethes indezentes Gedicht · Vom Taugenichts · Effis Jungmädchenweisheiten · Die Welt der Pickwickier · Schnitzlers süße Mädel · Von Galgenliedern und einem Blechnapf · Vom Billard und einem ermüdeten Walfisch · Arno Schmidts Probleme mit Winnetou · Rendezvous von Grass mit der Jelinek